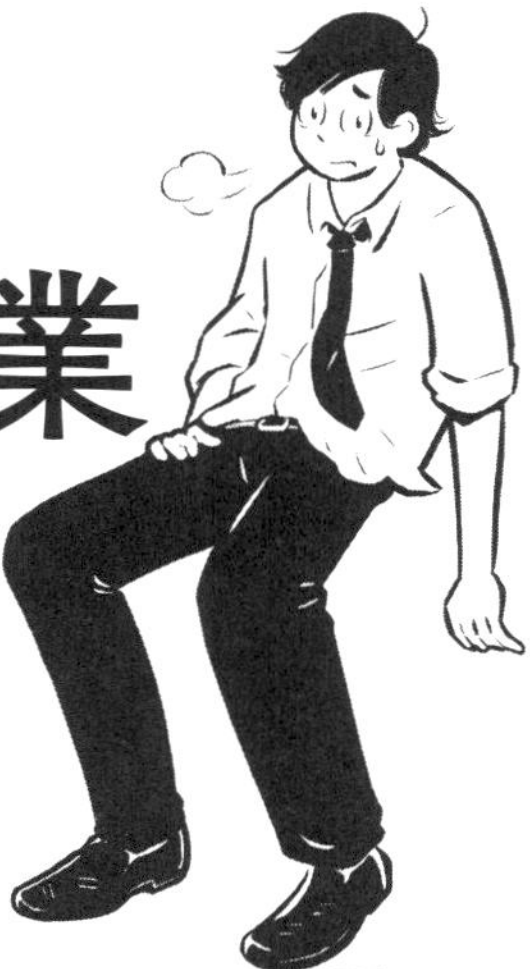

今日も残業する君とたった10分だけ働く僕

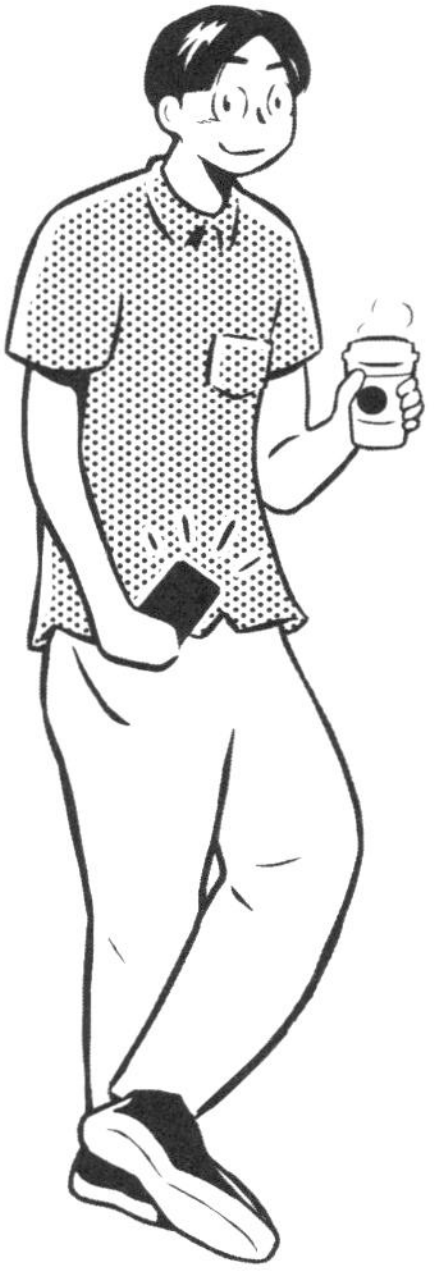

榎本洋介

30代で億を稼ぐ、
自由な働き方

現代書林

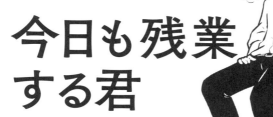

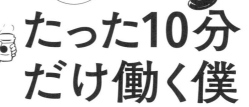

はじめに

自分はフェイスブックや、ツイッターなどのＳＮＳはまったく興味ないし、やったこともない。

有名になりたいなんて思ったこともなく、むしろひっそりと人生を楽しみたかったほうだ。

それが、ひょんなことから出版業界の人と知り合って、自分の人生を面白いと思ってくれた。

この本から、少しでも人生がよくなるヒントを得てくれたと思い、書いてみた。

朝起きると、スマホをチェックする。これが僕の仕事。

スーツに着替えて、駅まで走り、ぎゅうぎゅうの満員電車に揺られて会社へ——。なんてことはしない。

家でゆったり過ごし、一日10分だけスマホで仕事。たったこれだけ。

もう少し詳しく話そう。

朝、目覚めるとスマホで日本のマーケットを確認しながら、相場が開く9時を待つ。

ここで何か特別な出来事がなければ、今度は11時半に開くマレーシアのマーケットまでのんびりと過ごす。コーヒーを飲んだり、本を読んだりしながら、自分の会社のディーラーのポジションチェック。

今は技術の進歩で自宅にいながら、社員の様子が確認できる。

誤解のないように言っておくと、社員の様子といっても、オフィスに監視カメラを付けているとか、そんなことではなく、自分の会社で雇っているディーラーたちが、相場でどんなポジション（取引状況）を持っているかを確認するだけ。

それから、しばらくして12時半になると、日本の株のマーケットが始まるので17時半まで定期的にチェックして、一日の仕事が終わる。

僕は一日10分しか働かない

ここまでの作業すべてが自宅でできる。

もちろんスマホさえあれば、外出先でこなすことができる。

僕の仕事はパソコンですべて管理できるので、スマホさえあれば場所や時間に制限もない。

相場で稼ぐといってもパソコンの前に張り付いて、神経を尖らせることもないのだ。

一日10分、スマホをチェックするだけという日も少なくない。

ここまで読んでくれた君はもうおわかりだろう。僕の仕事はディーリング、いわゆる投資だ。詳しくはあとで説明するけど、アービトラージ（裁定取引）をしている。デイトレードなどとは違うということだけ、まずはわかってくれればいいかな。


時間にも場所にも縛られない――。

だから、僕は暇さえあれば海外にふらっと出かけてしまうし、趣味のウィンドサーフィンに没頭することも多い。

片手にスマホを持ってさえいれば、相場を少し覗《のぞ》いて、あとはごく簡単な確認作業をすればいいだけだから。

これ以外に毎日やることがあるとすれば、夜な夜な飲みにいくことぐらいだろうか。

なにせ夜は時間がたくさんある。だから僕は毎夜、いろんな人と飲みに行ってしまう。それも必ずと言っていいほどお店をはしごする。

美味しい食事とお酒を楽しんで、ほろ酔い気分で次のお店へ。使うお金はだいたい毎日10万円くらいかもしれない。

そして、また次の日が来て、相場を覗き、少し確認作業をし、夜になると飲みに行く。

ときには住んでいるマンションで行われる、住人しか参加できない限定のパーティに出席したりすることもある。

そしてそこに来ている芸能人や有名人と世間話をする。

芸能界に特別な興味があるわけではないけれど、彼らは彼らなりにいろいろと大変なんだろうなぁといつも思う。

もちろん、そんなことは僕が勝手に想像しているだけで、本当のところはどうだか知らないが、エレベーターやエントランスで彼らを見かけるたびに、なぜかご苦労様と思ってしまう。

今はそのマンションから引っ越してしまったが、これが僕の日常だった。

時間にも、場所にも、会社にも、上司にも縛られない働き方

こんなことを書いたのは、ちゃんとした理由がある。

贅沢な生活を自慢している嫌なヤツだと受け取る人も必ずいるだろう。もちろん、そんなことは百も承知の上。

「今こんなに充実していますよ」「お金と時間が自由になるとこんなに素晴らしいですよ」というだけなら、それはあまりにも無意味で読んでもらう価値などあるはずもない。

なぜなら、この本を手にとっていただいた方にしてみれば、隣の家の人が宝くじに当たったようなもので、羨ましいけれど自分には何ら関係のないことで終わってしまうのと同じだから。

では、当たる宝くじの買い方でも教えてくれるのかといえば、それもちょっと違う。だいいち、誰もが簡単に大金を稼げる方法なんて僕は知らない。

最初に自分の生活パターンの一部を正直に書いた理由。

それは自慢でもなんでもなく、とくに秀でた才能を持たない僕が手に入れた「時間にも、場所にも、会社にも、上司にも縛られない働き方」に、少しでも興味を持って欲しかったから。

そして「ストレスフリーな自由な働き方」を手に入れるためのヒントを、いくつもこの本にちりばめておいた。

君は何のために働いている？

「なぜ働いているのですか？」

こんな質問をされたら、君はどう答えるだろうか？

きっと、ほとんどの人は、お金を稼ぐため、生活のためという、ごくごく当たり前の返事を真っ先に思い浮かべるはず。

そして、その当たり前の答えに反論する人などいるはずもないだろう。


なぜなら、ごく普通の社会生活を送るためには、お金が必要不可欠であり、そのお金を得る手段として仕事があるから。

つまり人生と仕事は切り離すことができない関係であり、それなりの時間を割くことで給料という対価を得ているわけだからだ。

そんなこと当たり前だろう。あらためて説明してもらわなくてもけっこう。そう思う人も少なくないだろう。

では、生きていくうえで仕事に就くことが避けて通れないとしたら、それがどんなに辛くて、興味がないことでも、一生我慢し続けるしかないのだろうか？

「お金を稼ぐためだから、誰だって嫌な仕事でもストレスをためながらがんばっているんだ！」

こんな意見が飛んできそうだが、僕はそこが不思議でならない。

たとえば、毎日決まった時間に起きて家を出る。

会社までの通勤電車は、恐ろしいほどのラッシュで身動きもとれない。

こんな状況に慣れることはあっても、好きになる人などいるわけがないだろう。

君は貴重な時間を安く買い叩かれて、働いていないか？

ところが、多くの人、いやほとんどの人は通勤ラッシュが嫌だと思いながら、その環境に身体が慣れてしまう。

でも、本当にそれは自分が望んだことだろうか？

毎日、通勤電車に押し込まれながら、心のどこかで「こんな電車に乗りたくない、会社に行きたくない」と思っているのでは？

重い気持ちを無理に引っ張って会社に着いたとして、そこに自分が本当に思い描いた未来につながる道はあるだろうか？

もし、今の仕事が好きで好きで仕方なく、通勤ラッシュも苦にならないというのであれば、これ以上僕の話に付き合っていただいても意味がないでしょう。

しかし、**仕事が嫌だ、もっと違う世界に飛び出してみたい、と考えているのであれば、その気持ちはどこから涌いてくるものなのかを、もう一度考察してみてはどうだろうか。**

朝から体力を使い会社にたどり着く。

そこから嫌な上司との人間関係にストレスを感じ、何ら将来性が感じられない仕事を黙々とこなす。

退社時間がくれば、なるべく早く帰り支度し、早く休みの日が来ないかと週末が来るのをじっと待つ。

こんなことの繰り返しが何年も続くうちに、いつしか心がすり減り「まぁいいか……」と諦めてしまう。

そして、また月曜日がやってきて満員電車に放り込まれる。

この繰り返しの中に、いったいどれくらいのストレスがあるのだろうか。

どれくらいのチャンスを見逃しているのだろうか。

さあ、ラットレースから抜け出そう

仕事にやりがいを感じているのなら、それでもいい。

ただ不平不満を抱えながら我慢するのは、自分の人生における時間を安く買い叩かれているのと同じことだと思う。

もし、才能をいかんなく発揮でき、能力に見合うだけの対価をいくらでも得ることができるフィールドに移れるとしたら、嫌な仕事を我慢して続ける人などいないだろう。それでも人がいろいろなことに目をつぶり、我慢して慣れてしまうのは、現状を打破するために第一歩が怖くて、踏み出せないでいるからだ。

そして、安定を得る代わりに、我慢やストレスを抱え込むことを容認してしまう……。

ただ、僕にはそれがどうしても人生において無駄に思える。

だから、報酬に上限がある業務に早々と見切りを付けられることもできたし、自分の能力でいくらでも稼ぐことができる相場の道へ進むこともできた。

もちろん安定を捨てることによるリスクも大きいが、そこで長い時間躊躇《ちゅうちょ》していたら、きっと大きなチャンスを見逃していたのだと思う。

人生に限りがあるように、仕事に向き合える時間にもリミットがある。

だからこそ、我慢する時間も、悩んでいる時間も、なるべく短くするべきだと考えている。

会社や仕事に不満を持って過ごすとしたら、選択肢は二つ。
サラリーという名の安定を手にするために、我慢し続けるか。
それとも一歩踏み出して、新しいステージに進むか。

どちらを選ぶかは人それぞれ。

しかし、この本を手にとり、今この文字を目で追っているとしたら、僕が伝えたいことは十分に君へ届いている、そう考えている。

そして、この本が、君の新しい第一歩を踏み出すためのちょっとした後押しになれば幸いです。

2017年6月

榎本洋介

目次

PART

2

僕がラットレースから抜け出すまで

PART 3

一日10分だけ働く、僕の稼ぎ方

PART 4

不平・不満の日常から、一歩踏み出してみるコツ

PART 1

なぜ僕は、自由な働き方を手に入れられたのか?

ストレスフリーの自由な働き方が手に入った理由

僕には特別な才能があるわけではない。

両親は多少教育熱心ではあったものの、それ以上でもそれ以下でもなく、淡々と、そしてごく当たり前に学生生活を終えて社会に出た。

これまでに自分にとっての分岐点や印象深い出来事はたくさんあったけれど、それが人とは違う特別なことかと言えば、そんなこともなかった。

つまり、僕はいたって平均的で当たり前の道を辿って今に至る。

それでも、僕はいろいろな意味で自由を手に入れることができた。

そして、よく人に言われる。「やっぱり才能がある人は違うね」と。

でも僕からすれば、それはまったくの勘違い。

もともと人様に自慢できるような才能も持ち合わせていないし、仮に自分では気が付かない才能があったとしても、それが役に立ったと感じたことはほぼないのだから。

そんな僕がなぜ、この年齢で自由を手に入れることができたのか？

その理由を自己分析してみたところで、明確にその答えがわかるとは思えない。

もちろん、現在に至るまでに契機となる出来事や出会いはいくつか思いつくのだけれど、そのすべては偶然の結果でしかない。

君の居場所はどこにある？

ただ、ひとつだけ「これかな？」ということは思いつく。

それは自分のポジションをいつも意識していたこと。

自分はどんなポジションにいるべきなのか？

重要な選択をするとき、迷ったとき、悩んだとき、いつも僕は自分のポジションを深く

考えた。

本当に今の居場所でいいのか？

目指す場所はどこなのか？

そうやって自分の位置を少しずつ明確にしていった。

すると不思議なことに、いつの間にか周りの環境が変わったり、ものの捉え方が柔軟になっていたりするのだった。

ポジションにはいろいろな種類がある。僕が身をおいている相場の世界にも、ものの考え方や人との付き合い方にも。

そうした様々なポジションを、事あるごとに確認し変えていくことができた先に、今の自分があるのかもしれない。

だから、今でも僕は常に今、自分のいる場所を確認し続けている。

転校

父はサラリーマンだった。そして母は専業主婦だったが教育には熱心な人で、僕は小学校4年生のときに公立から私立に編入している。

これは両親の仕事の関係で幼少期をイギリスで過ごしていたことも関係しているのだが、とにかく勉強や受験に関しては、刷り込みと言うか、幼いころからそうしたことに関してはあまり疑問を抱いたことはなかった。つまり受験も勉強もすることが当たり前だと思っていた。

7歳のときに帰国し、そのまま公立の小学校へ入学する。しかし、母親の勧めで小学校4年生のときに進学校として有名な私立へ編入したのだった。

今思えば、あの編入は母親の鮮やかな誘導だった。

なにせ、友達もたくさんいて楽しかった公立小学校だったのに、僕はいっさい未練を残さず、さっさと試験を受けて違う小学校に行ってしまったのだから。

小学4年生なら普通は仲間と遊びたい年頃で、急な転校なんて嫌がりそうなものだが、僕は驚くほどあっさり新しい学校へ移った。そして、その後、高校まで同じ学校で過ごすことになる。

いつだったか当時のことを母に聞いた。どうやって自分のことを説得したのかと。すると「あなたが進んでその私立を選んだんじゃない」と母は言う。もちろん、そんな記憶は僕にはない。だから今でも思う、きっとあの編入は母の教育プランの中のひとつだったんだと。

もちろん、このことを後悔しているとかではなく、むしろ今の自分を考えると、人生の転機のひとつだった。

なんとなく受験したら、第一志望に不合格

ただ、母のプランに乗っかった自分にとってショックだったのは中学校へ上がったとき。なんと、小学校は共学だったのに、中学は男子校だったのだ。

当然のように女の子がいる中学校生活を想像していた僕にとって、これはけっこうな衝撃だった。「男ばっかりじゃん」。女の子がクラスにいないことにがっくり肩を落とす、そんな中学生だった。

さっき僕は、この編入が人生の転機のひとつだと言ったが、それは大学受験に大きく関係してくることになった。受験校ということもあり、当たり前のように東京大学を目指す同級生が多くいた。

しかし、東京大学を目指す友達のほとんどは、「なんとなく東大」というヤツばかりで、何らかの目的を持って受験するケースは多くはなかった。これが進学校の特長でもあるの

だろうが、僕はこのとき「なんとなく東大」ということに、何の違和感もなかった。

みんなが受験する学校。

とりあえず目指すべきトップがあるなら、チャレンジしてみようかな、という感じだ。


明確な目的がない受験の結果、僕は東京大学には合格できなかった。

不合格だった僕にはふたつの選択肢があった。ひとつは来年もう1回受験する。1年の浪人生活だ。そしてもうひとつは東京大学を諦めて、他の大学へ進学する。選んだのは後者だった。


中には他の学校へ行きながら、仮面浪人に誘う友達もいた。しかし、それにはあまり意味がないような気がして断った。なぜなら東京大学を諦めるに十分な理由があったからだ。

現役で受かった友達は、クラスの中でも一目置かれるヤツだった。逆に「オレのほうが絶対に勉強が出来る」と思うヤツが合格していたら、もう1年はがんばったかもしれない。

でも受かったのは、やはり受かるべくして受かった同級生。これがひとつ目の理由。

そしてふたつ目は数学の難易度だった。入学試験で出された2問中、1問はがんばれば正解までたどり着けると思った。ただもう1問は逆立ちしたって解ける気がしなかった。

「こりゃ来年、もう1回受験しても無理だ」

東京大学に合格する能力に達していないことを痛感した。僕は、自分の能力を過大評価しない。そこで、進路を東京大学から別の大学へ変更した。

しかし、残念なことに、この時もまだ大学へ行く目的がわかっていなかった。「なんとなく東大」が「なんとなく大学」に変わっただけだった。それから、僕はいろいろなことがありながらも大学生活を送り、就職の時期を迎えようとしていた。

ハウツー本にハマった学生時代

就職を考えはじめていた頃、学生に人気だったのは外資系の職場。給料が高いとか、世間的にかっこいいとか、若手のうちからチャレンジできる社風があるとか、たぶんそんな理由だったはずだ。

またかと思われるかもしれないが「なんとなく東大」が「なんとなく大学」になり、**今度は「なんとなく就職」となったわけだ。だから僕は、なんとなく外資系に行きたいなぁと考えた。**

ただ、大学進学のときと少し違うのは、初めて自分の将来のことも漠然と考えたことだった。今までは目先の目標だけを定めればよかったが、就職先をどこにするかということは、その先にある自分の将来に少なからず影響することくらいはわかっていたからだ。最終的に僕はデロイトトーマツコンサルティングという企業に入社するのだが、そこでの話はのちほど紹介するが、学生から社会へ一歩踏み出す前に準備していたことがあるので、少し話をしよう。

僕が学生時代によく読んでいたのはハウツー本だ。たとえば、効率よく業務をこなす方法とか、簡単にできるワーキングデスク整理法とか、学生にとってはあまり役に立たないようなジャンルを好んで読んでいたものだった。

なぜ、ハウツー本に興味を示したのか?
それは大学の基礎知識よりも、実践的な知識に飢えていたから。

仕事がはかどる方法や、資料を上手に整理する方法なんて、いくら知っていても学生にとってはほとんど役にたたないけれど、そうした知識を早く社会に出て試してみたい。これが僕の思いだった。

だから、社会人になって、今まで経験したことのない場面に出くわしたとき(そういえばあの本にあんなことが書かれていたっけ)と思い出し、とりあえず試してみることがうれしかった。

そして、その結果が思いのほか上手くいったとしたら「本を読んでいたことが役にたった!」となるのだろうが、実際はそんなに甘くはなく「試してみたけれど、上手くいくわけがない」という結果になることがほとんどだった。だから本の内容を鵜呑みにすることの怖さは知っている。

読書感想ノートが、今の僕をつくった

それもただ本を読むのではなく、いろいろなテーマのハウツー本を読み漁り、それをさらに分析するのがたまらなく好きだった。

流行っていようがいまいが、気になった本を読む。そして読み終えたら、その本のあらすじとポイントをノートに書き込んでいく。

ここで終わってしまうと、ただのメモになってしまうが、僕がやっていたのは、さらに自分なりの意見や感想も書き込んでいたことだった。

たとえば、ハウツー本なら、自分にもできそうな内容はメモし、逆に役に立たないと思えば、なぜ役に立たないと思ったのかを書き留める。

また内容に関して、「もっとこんなことが書かれていれば、より意味のある本になった

だろう」というようなことまでをノートにびっしりと書き込んでいた。

もちろん、若気の至りもあって、そのノートを読み返すと「お前は何様なんだよ！」ということがツラツラと書いてあって恥ずかしくなることもたびたびだけれど。

こうすることで、ただ本を読んで終わりではなく、内容を理解し、さらに考えることができる。

そして**書き溜めたノートをたまに見返すことで、新たな気づきが生まれることもある。**

だから、書いてある内容が正しいかどうかはともかく、今の自分にとって非常に役に立っている習慣であることは間違いない。

ポジションを確認する習慣をつけよう

こうして読んだ本を分析することを、もう20年近くは続けているだろうか。なぜ、こんなことを始めたのかは思い出せないが、誰かに教えられたわけではなく、学校の宿題だったわけでもない。

本を読み、分析する。そして、自分だったらどうするか、どう考えるかを確認することは、冒頭にも書いた「ポジションを確認する」という僕の大切な軸につながっている。

とくに社会へ出ると、自分のポジションを把握することがことのほか重要になる。

今の自分にできることとやらなければいけないことはもちろん、職場や人間関係も、今の立ち位置で問題ないのかを常に考えなくては、何事も上を望むことは難しい。

だからこそポジションの確認を行うためには、自分なりの分析力を養うことが第一歩となる。

これが僕の実践から学んだ持論であり、読書という作業から得たもののひとつ。

だから、僕は本を読むことに関しては、それなりの時間を費やしてきた。

学生時代に原付で移動していたころ、ちょっと時間があればふらっとバイクを走らせ、隣町の居心地が良い喫茶店に向かう。そこでコーヒー一杯で、何時間も本を読みふけっていることも珍しくなかった。おおよそ2日で1冊くらいのペースで読んでいたと思う。

とは言っても**自分のやりたいことを叶えるためには、できるだけ本をたくさん読みなさいなんて言う気はさらさらない。**

読書よりも対話が好きな人もいるだろうし、実践で失敗しながら経験や知識を積み上げる人もいるだろうから。

僕が言いたいのはそんなことではなく、誰かが作り上げたものをそのまま受け入れるのではなく、自分なりの考えを組み合わせながら確認し、理解する。これが大切なことだと思うのだ。

そして、その中に「自分のポジション」を加味して思慮を巡らせることこそが、僕のやっていたことの本質だと思っている。

終わらない仕事の山を前に、茫然となった社会人1年生の僕

本を読み、分析するクセがついていたことは社会に出てからも大いに役立った。

もちろん、そうした本の中には、印象にまったく残らないものも少なくなかったが、印象深い言葉を与えてくれるのもまた本の魅力でもある。

僕がビジネスの世界である程度成功した理由のひとつに、こんな言葉がある。

「上司の上司が自分に何を求めているかを考えろ」


社会人1年生の時のこと。あるプロジェクトに参加を命じられ、僕は膨大な量の仕事を与えられた。

それはどう考えても新人がこなせる量ではなかった。そして、同期で入社した女の子も仕事内容は違ったものの、やはり大量の仕事を振られていた。

当然、新人の僕らは与えられた仕事をこなそうと必死になる。つい数ヵ月前まで、学生でなんのノルマもなかった環境から、いきなり目標や納期、成果といった現実を突きつけられるのだから、そのプレッシャーはとんでもないものがあった。

最初こそ、これが社会に出るということかと、その責任の重さを感じたものだった。

そして、終わらない仕事の山を前に、半ば放心状態でいたときのこと、ふとこんな疑問が頭に浮かんだのだ。

「この膨大な量の仕事は、慣れたらあっという間に片付けられるようになるのか？」

冷静になってその答えを考えてみる。仕事のスキルが上がり、書類の製作スピードが上がる。小さな疑問は自分の裁量で解決することができるようになったとしても……、無理だ。

この量がさっさと片付くわけがない。

じゃあ何で、自分にこんな業務を担当させるのか？

そう思ったときに自分の置かれているポジションはどんな場所で、求められている結果は何なのか？

ここに考えが至った。

「上司は何を求めているか」を考える

たぶん、この仕事を新人の自分に任せた理由は、納期内に完璧に仕事をやり終えることではない。

第一、この量の仕事を短期間で終わらせることができる人間がいるなら、それはどこかで手を抜くか、よほどの才能の持ち主だろう。

そう考えると、自分が向き合っている仕事の本当の姿が徐々に見え始めていた。

この仕事を上司が振ったのは新人の成長のため。

だから、**上司が望んでいるのは、仕事の完璧さではなく、仕事をどうやって処理するのかを考えることであり、納期に間に合わなさそうであれば、どう対応するのかを経験させることだったはずだ。**

僕はそれに気がついたときに、正直に上司へ報告をした。

「現時点の進捗状況は○○％ですが、このままのペースでは納期に間に合わない可能性があります。納期に間に合わせるためには助力してくれるスタッフをお願いしたいのですが」と。

すると、上司はその申告を待っていたのだろう。用意していたかのように、サポートとして先輩をひとりつけてくれた。つまりそう言うことだった。

いっぽう、同じように大量の仕事を振られてがんばっていた女の子はいうと、上司の期待を裏切るまいと、納期ギリギリまで残業を繰り返していたようだった。

しかし、タイムリミットまであとわずかという段階になって泣きながら「がんばったんですけれど間に合いません」と報告している。

僕が言いたいのは、彼女のがんばりは無駄だったということではなく、上司の期待に応えようと、自分の能力と現状を客観的に照らし合わせる分析をしなかったことがもったいないということ。

その女の子はとても優秀であることはわかっていたし、キャリアを積んでいけば、それなりの実績も残せるはずだ。優秀であるがゆえに、本当に求められている事の本質を見失ってしまったのだろう。

成果を出すことではなく、成果を出すのが難しいということを、期限内に報告する。これが上司が求めていたことに他ならない。

そういうことに、早々と気がつく僕は、本当に要領がいいと思うわけだが、そのヒントになっているのは、やはり誰かの言葉であることが多い。

そして誰かの言葉は本からではなく、出会いによってもたらされることも多々あることを次に話していこう。

DeNA南場智子現会長の第一印象

社会人になってから、いろいろな経験をして現在に至る。学生時代には考えもしなかった驚きや違和感は山ほどあった。

ただ、社会に出る前、僕はちょっとした運命の出会いをしている。女の子との出会いはたくさん（？）あったけれど、ここで話すのは、もっともっと僕の人生に影響を及ぼす出会いだった。それは就職活動中の大学4年生、春のこと。

当時はほとんど無名といってよいDeNAのセミナーに顔を出す機会があった。どうしてもDeNAのセミナーに参加したかったわけではなく、たまたま友達が行くと言うので、まあ面白そうだし、一緒に行くかという程度。

会場である代々木駅に着き、セミナー会場までの道のりはわずか5分。これといって期待もしていないし高揚感もゼロ。当たり前だ、暇つぶしに来ただけなのだから。

そしてセミナーが開始された。そのときに壇上に上がったのがDeNA創業者である南場智子さんだった。

もし、これが今なら学生たちは興奮し、期待に胸を膨らませ、きらきらした目で南場さんを凝視していることだろう。

ところが、そのときの僕はといえば、半分居眠り状態で、机に突っ伏さないでいるのが精一杯だった。遠のく意識の中、南場さんが登場したのはなんとなくわかった。たぶん、簡単に自分の会社名と挨拶くらいはしたのだろう。

すると**南場さんは会場をぐるりと見回したかと思うと「こんなくだらないセミナーに来ているくらいなら、わが社でインターンでもしなさい！」と言い放ち、黒板にでかでかとメールアドレスだけを書いて部屋を出て行った。**

なんとも思い切りのいい女性がいるものだ、これが南場さんの第一印象だった。

DeNAでのインターン経験

そんな縁もあって、僕はＤｅＮＡの中に入り込んだ。とは言っても当時は今と違ってオークションサイトを運営する小さな企業。

黒板のアドレスを頼りに**インターンで入った多くの学生は、数日でＤｅＮＡを去って**

いった。

それはなぜか？

最先端のIT業務を手伝えると思っていたのに、それとは逆の仕事だったからだろう。

もともとDeNAはビッダーズというオークションサイトをメインに運営していた会社であるものの、その規模は業界第1位のヤフーと比較すれば、その規模は10分の1以下。とても真っ向から太刀打ちできるものではなかった。

そこで僕らインターンに課せられた使命は、ビッダーズを盛り上げるために、出品数を増やすというものだった。

頭脳系というよりも労働系作業、これでは多くのインターンが辞めていったのも当然かもしれない。

ただ、僕はその使命になんら落胆することもなく、淡々と言われたことをやり続けた。なぜなら、まずは何事も経験するべし、というのが僕の考え方だから。

具体的には裏原系と呼ばれるジャンルのブランドを購入し、サイトにアップする。裏原系はブランド名のとおり、東京の原宿から少し入った裏通りに店を構えるため、人気はあっても地方の人たちが気軽に買えないのがネックだった。

そこで直接、裏原系のショップで仕入れをしてネットで売る。最初に30万円を渡され仕入れをしてネットで売った。あっという間に商品は売れ、再び30万円をもらった。また仕入れた商品は完売し、同じことを数回繰り返した。

特別なことをしたわけではないが、結果的にDeNAに就職しないかと誘われるまでになった。それは真面目に業務に取り組んだのは君だけだからという理由だった。

直属の上司はDeNA守安功現社長

何度も言うが、この頃のDeNAはほとんど無名企業だった。だから、就職先としての候補にはなりえなかった。

それでもしばらくお世話になったのは、現DeNAの代表取締役兼CEOの守安功さんがいたことだろう。

なんとなく入り込んだDeNAで、守安さんが直属の上司になった。

そのころのビッターズではヤフーが取り扱うことのできなかった爬虫類などの生体を扱うことに勝機を見出していた。

そこで僕の役目は、爬虫類の**市場動向を調べたり、どれくらいの値段で仕入れて、どれくらい売れれば利益が出るのかという試算をしてみたりと、ビジネスの基本のようなことを経験させてもらった。**本格的に社会に出る前としては非常に貴重な経験だったと思う。

もちろん今のようなインターネットが普及している時代ではなかったから、データベースの充実度具合もたかが知れている。そこで守安さんと一緒に手探りで、少しずつ情報を集めていったのも印象深い。

またあるときには錦鯉に注目して、ビジネスを進めたこともある。

もともと錦鯉というのは値段があってないようなもの。だからこそ、錦鯉を扱う業者はオークションというシステムには非常に協力的だった。主に5万円から10万円程度の稚鯉を扱うのだが、これは予想以上に反響もあったし、業者にも喜ばれた。

僕がここでビジネスが成功するために必要な、ほんの一部を肌で感じることができた。

DeNAには半年ほどいたのだが、守安さんは僕のことを評価してくれて、ずっと入社を誘ってくれていた。余談だが、ご本人の結婚式にまで呼んでいただいている。

ただ、僕はそのとき、すでに就職先が決まっており、DeNAに入社するには至らなかった。

ただし、DeNAへの就職を考えなかったのは、ふたつの大きな理由があった。

そのひとつは、聞いたことがないような小さな会社に入ることはできないと思っていたこと。

しかし、そんな考えとは真逆《まぎゃく》で、**DeNAはあっという間に上場し、球団を持つまでに急成長。当時の僕には企業の行く末を見通せるほどの才能も経験もなかった**のだから、これは仕方がない。まぁ、今でもそんな能力があるとは思えないが。

僕が出会った数多くの人の中で、守安さんほど頭が切れる人はいない

そして、二つ目の理由。実はこちらのほうが入社しなかった理由の90%を占めていたと言っていい。

それは上司が守安さんだったからだ。

誤解のないように先に言っておくが、守安さんが嫌いだとか、一緒に仕事をしたくないということではまったくない。

それどころか、この人と仕事をすることは、何よりも楽しかったし僕には本当に勉強になった。

こんな優秀な人が世の中にいるんだと正直、驚いた。

なにせ世界的なブレーン集団であるマッキンゼー出身者も数多く在籍していたDeNAの中でも、守安さんは飛びぬけて頭脳明晰だったのだから。

もし僕がＤｅＮＡに入社したとしても、守安さんのような人が同じ社員としている限り上には行けないと感じていた。つまり、僕にとって守安さんは、同じ土俵で戦うにはレベルが違いすぎた。

「そんなこと、入社してみないとわからないだろう」という人もいるのは重々承知している。

しかし、結果的に見れば日本を代表する企業に成長したＤｅＮＡのＣＥＯにまで上り詰めたのだから、僕の直感は間違っていなかったということになる。企業としてのＤｅＮＡの未来は見抜けなかったが、人を見る目はあったということだ。

だから、僕が出会った数多くの人の中でも守安さんほど頭が切れる人はいないし、これからも現れることはないだろうと思っている。

「適切なポジションはどこなのか」をいつも意識する

ここまでの話を読んでいただいた読者の方の多くは、たぶん気がついていることと思う。そう、僕がDeNAに入社しなかったときと、東大を諦めたときはまったく同じ判断の仕方だということを。

このふたつの出来事には僕なりの共通ロジックがある。ロジックなんていえば聞こえはいいけれど、ようするに僕なりの理屈。

東大を諦めたとき、どうあがいても勝てなかったのは数学の問題。そしてDeNAに入社しなかったのは守安さんという、勝てると思えないすごい社員がいたからだ。

僕は変なところで諦めが良いといったが、これは言い換えると自分に最適なポジションを確保するための嗅覚に優れているといえるかもしれない。

だから、この先に何が起きるかわからないとしても、まずは自分の置かれた環境や、周りの人物、与えられるであろう課題、その結果などを、客観的に分析してみるのだ。「もし、このまま突き進んだらどうなるのか？」「違う選択肢を選んだらどうなるのか？」と。これを習慣と呼ぶのかもしれないが、僕にとっては読んだ本の分析をするのと同じ作業でしかなかった。

生き抜くための考え方を教わった人

僕にとって守安さんとの出会いは、大きな意味を持っていたし刺激的だった。

もちろん尊敬もしていたし、頼りになる先輩でもあったから、転職するかどうか迷っているとき、真っ先に相談したのも守安さんだった。

それほどまでに僕の中では守安さんの存在は大きかった。僕の人生に大きく影響を与えてくれた方々のひとりなのは間違いない。

ただ、守安さんと知り合う少し前にも、僕の人生を大きく変える出会いがあったことも話をしよう。

もし、この出会いがなければ、今と同じ自分がいたとは考えにくい。そう思えるほどの人だった。

守安さんが僕に実務で経験を与えてくれた人物だとすると、その人は僕に生き抜くための考え方を教えてくれたといえる。

あれはDeNAでバイトを始める数ヵ月前。就職活動中だった僕はある外資証券の会社説明会にいた。いたって当たり前の会社説明だったが、終わった後に社員と立ち話する時間があった。

20人ほどの社員が、それぞれ学生たちとにこやかに話をしている。

この時、おおよそだが、ひとりの社員を学生が4人か5人で取り囲んでいただろうか。

その中でほぼひとりで立っている人がいる。それがとても気になった。話を聞いてみよう。

ぶっきらぼうで、面倒くさそうに話す外資証券マン

僕が近づいていく間も、学生が数人、彼のもとにやってきたが数秒会話すると、すぐに離れていってしまう。

年齢は30代の半ばくらいだろうか。**彼は目の前に立った僕の顔をジロリと睨みつけると、面倒くさそうにこう言った。**

「うちの部署は、今年は新卒を採用する予定はないよ。オレと話しても時間の無駄だから、他の部署の話を聞きにいきな」と。

ははぁ、これか。この人の周りだけ学生がいない理由は……。

そりゃ、会社の話を聞きたい学生からしてみれば、いきなり「時間の無駄だから」という先制パンチを食らわされたらさっさと逃げたくなるのは当たり前だ。

しかし、僕は逆だった。これは面白い人がいるもんだと、このちょっと変わった人の話を聞いてみたいと思ったのだ。

ぶっきらぼうで、面倒くさそうで、人を寄せ付けない雰囲気を持った彼も変わった人だが、その人と会話したいと思った自分も、やはりまた変わっているのだろう。

そして、彼の話は面白かった。

「万が一、お前が採用されたとしても使い捨てだからそれは覚悟したほうがいい！」

「一生懸命努力して、同僚にも上司にも認められて、出世街道を歩く？　そんな妄想は通用しない！」

「だいたいにして、今まで大学でろくに勉強もせずに、ただみんなが就職するし、そういう時期だから就職活動していますなんていう君たちに何を期待すればいい？」

学生にとっては耳の痛い話ばかりで、彼が発する言葉に答えられる学生はいなかった。

しかし、僕にとってはそれが刺激的だった。

やっぱり変わった人だ、面白い！　本気でそう思った。

教えてもらった1冊の本が僕の将来を変えた

小一時間も話を聞いていただろうか。気がつくと、その場にいたのは僕ともうひとりだけになっていた。そして、そろそろ立ち話もお開きという段階になってもさらにダメ押しをされる。

「この場ではっきり言っておくけど、俺と接していてもうちの会社に入ることは絶対にできない。もちろんオレはそんな権限を持ってない」

そう言われてしまえば身も蓋もないわけで、まぁそうだろうなぁと。僕は彼のもとを離れようとした。すると、この一時間、ずっと仏頂面だったその表情をわずかに緩めてこう言うのだ。

「せっかくここまで残ったお前らには、もっと面白い話をしてあげよう。この本を読んだ

ら、感想を聞かせてくれ」と。そして本のタイトルを教えてもらい、名刺を手渡された。その本のタイトルは『金持ち父さん 貧乏父さん』。

この本は今でこそベストセラーとして有名だが、当時はそれほどでもなかった。むしろ、学生にとっては縁のない分野だったので、僕の読書リストには入っていなかったのだ。それだけに、その本の内容は初めて接するものばかりで、そうとうな衝撃だったのを覚えている。

僕は、一気にその本を読破し、その変わった先輩に感想をメールで送った。そして、数日後、一緒に食事に行くことになった。

開口一番「財布を見せてごらん」

目の前には、会社説明会で出会った変わり者の先輩が座っている。勧められた本を読み、感想を送った結果、一緒に食事をすることになったからだ。

仲の良い友達や知り合いなら、軽い挨拶をしたあと他愛もない話が始まるのだろう。仕事関係や接待であったとしても、それほど突拍子もない話題から始まることは少ないはずだ。

ところがと言うか、やっぱりと言うか、**その人は席に着いた僕に向かって開口一番こう言った。「財布を見せてごらん」と。**

言われるがままにカバンに入れていたブランド物の財布を見せたところ、その財布をしげしげ眺めながら**「この財布の原価って知ってる？」と質問をされる。**

定価こそわかっていたが、原価といわれると20%か30%か……。

今まで考えたこともなかったことだけに答えに窮していると、そのブランド物の財布の原価は約5%だと教えられる。

そんなに安いものなのかと、驚いていると今度は第二の質問が飛んでくる。

「君は、いま初めてその財布の原価を知ったわけだよね。じゃあ、残りの95%にはどんな

意味があるの？」

「えーと、それは販売業者の利益とか、運送コストとか、手間賃とか」

とりあえず思いつくことを片っ端から言ってみた。

「違うよ、そういう意味じゃない。だって財布なんだからお金が入れば、それ以上の機能なんかいらないだろ？

安い財布だろうか高い財布だろうが、それほど機能に大きな差はないよ。

でも原価が販売価格の5％の財布を使うってことは、残り95％に何かの意味を見出せてこそ、持つ価値があるんじゃないのかな。

ただブランド品だからとか、高かったからとか言うだけで、その財布を持っているとしたら大バカだね」

世間の価値観に流されていないか？

それまで漠然とブランド品を買っていた自分が恥ずかしくなった。この出来事をきっかけに、僕は常に物事の本質を考えるようになった。そして物事の本質を考えると、人と違うことをすることを恐れなくなることもわかったのだ。

ブランド品を持つことは経済的ステータスという部分もあるだろう。ブランド品を持つ僕に寄って来る人だっているかもしれない。

もし、僕がステータスを表現することで、仕事が上手くいくのなら、喜んで高価な財布を買うだろうし、原価が1％だってかまわない。

重要なのは、その値段ではなく、無駄と思える部分にちゃんとその価値を見出せているかどうかだ。

漠然とブランド物を買う。ブランド物を持つ意味を知って買う。この本質はまったくの

逆。これがビジネスの世界では、大きな武器になる。

たとえば僕の仕事がスカウトマンだったとする。スカウトする相手は男でも女でもいい。ただし、スカウトする先はとても華やかな世界だ。芸能界かもしれないし、高級な飲み屋かもしれない。

そうした華やかな世界に誰かを誘うなら、やはりそこには魅力的な現実を見せることは常に効果的だろう。

「もし、僕の誘いにのってくれたら、こんなブランド品が手に入るよ。誰もが憧れる高級スポーツカーを乗り回すことができるよ」とエサを撒くことができるからだ。

それなら僕は本来のスカウトという目的を達成するために、喜んで無駄に高いブランド品も身に付けるだろうし、フェラーリくらい買ってもいい。

これがもっと身近な話題で、気に入った女の子の気が引けるなら、興味がなくたってブランド物の時計のひとつも身につけるかもしれない。

つまりは、その値段ではなく持つことで、どんな効果や利益が生まれるのかをしっかりと把握することが大切で、**見栄やハッタリからは何も生まれない**ことに気がつくことが大切なのだ。

常識を疑ってみよう

ところがビジネスになると、必要なのか無駄なのかの境界線があいまいになることはよくある。

それは物ではなく、考え方であったり常識であったりと、場面によって姿かたちは変わるけれど、常に「世間の平均的な価値観」に流されそうになるからだ。

一般的にはこうだから……。

今までの前例によると……。

こんなふうなやり取りでいつの間にか物事の本質を見抜かないまま進んでしまうと、必ずあとでその無駄や無意味さに気がつくことになる。

これは「みんなが持ってるから」「流行だから」というだけで高価なブランド物を買ってしまうこととイコールだ。

本当に今の自分、今の仕事にとって必要なのか、今後の役に立つのかを判断してこそ、手にするものに価値が生まれる。

そして、その価値は何十倍になって返ってくるとしたら、とても右へならえで、無節操にブランド物に手を出す気にはならない。

つまり「物の価値はどこにあるのか？」を考えたときに行き着くのは「一般的な当たり前は本当か？」と一歩立ち止まって考えることにつながっていく。

ちょっとカッコイイ表現をすれば「常識を疑え」というところだろうか。

こんなことを、僕は社会に出る前に、人生の先輩からビシッと指摘されてからというもの、**常に「人と同じでいいのか？」と自問自答するクセがついた。**

だから「車持ってないの？」「もっと高い財布使ったら？」などと言われたとしても何

とも思わない。逆にそう言われたらきっとこう言い返すはずだ。

「持っていることに意味がないから」と。

つまりはそれが僕の考え方であり、ビジネスや相場の世界で「物事の当たり前」の外側を見ることで成功できた理由のひとつかもしれない。

「サラ金のカードを作って、金を借りてこい」と言われた僕

それから、僕はこの人とかなり深く長い付き合いをすることになった。

物事をいろいろな方面から見ることができる観察力や洞察力は尊敬に値するが、それに加えて刺激を受けることができる。だから、いつも話をするとついつい聞き入ってしまうことばかりだ。

いままでに教わったことも数多いが、もうひとつ印象的なエピソードを話せば、サラ金で金を借りてこいと言われたこともある。

サラ金、消費者金融などの一般的なイメージといえば、やっぱり怖いもの。それでも僕は勇気を出してサラ金のカードを作った。

実はこれには理由があって、何か不慮の出来事があったときのために、ある程度まとまったお金を作れる用意をしておけということだった。

だから僕は、そのアドバイスを素直に聞き入れ、人生で初めてのサラ金を体験したのだ。とは言ってもそのときはサラ金に出向きカードを作っただけで、実際にお金を借りることはしなかった。つまり、いざというときの準備だけをしただけだった。

もしも、この先サラ金でお金を借りるような事態に陥れば、そのときに先輩の助言は正しかったと思えるのかもしれないが、できればそんな状況になるのは避けたいところだ。

PART

2

僕がラットレースから抜け出すまで

毎日、深夜まで働いて、同期の中で上位5%の結果を出したのに……

当時を振り返ってみると、就職活動中は大学に在籍した5年間（じつは遊びすぎて大学一年のときに留年をしているのは内緒だが）の中でも、一番密度が濃かったように思える。メンターとの出会いもDeNAでの経験も、社会に出てからその重みを知ることになるのだが。

とにかく2002年の春、僕は慶應義塾大学の理工学部を無事卒業し、社会人への第一歩を踏み出した。最初に就職したのはデロイトトーマツコンサルティングだった。

入社すると僕は大手総合商社の財務プロジェクトにアサインされ　総合商社の資金管理のコンサルを行うことになった。

初年度から非常に多忙ながらも、ついに憧れの社会人になれたこともあり、毎日24時過

ぎまで会社にいることも苦にならなかった。そして、そのかいあって同期の中でも上位5％の評価をもらうことができたのだった。

しかし、その上位5％に評価されたことで、僕の中では大きな疑問と不安が頭をもたげていた。

精一杯がんばって、自分の時間を削って働いた。

同期の誰よりもいろいろと考えたし、それなりの結果も出した。

でも、その対価はボーナスに数万円が上乗せされただけだ。

このまま、自分の人生を賭けるだけの価値が今の仕事にあるのか？

もし最後に評価されなかったら……。

実力がダイレクトに対価として支払われない仕事への疑問

目の前に突きつけられた現実が、僕の不安と危機感を急激に煽ってくれた。
それからというもの、評価に対するリターンが制限つきである今の仕事よりも、実力がダイレクトに評価され、それ相応の対価が得られる仕事に就きたいと思うようになった。

そして、その思いはマネーの運用業務にたどり着く。
ディーリング業務は、実力に応じて収入に上限はない。まさに僕の望みにピッタリの仕事だった。

ただ、少し付け加えると、僕が転職をしようと決めたのは、お金のことだけではなく、外資証券会社で株式部門のトップに立つ先輩から印象的なアドバイスをもらったことも大いに関係があった。その人はこう教えてくれた。

「慶應大学を卒業しているというのなら32歳くらいまではリスクを取れる。お前はそういう武器を親から与えてもらっている。もし、32歳になったときに、うまくいかなかったらそのときは学歴を使って地味な世界に戻ればいい。

ただし、学歴だけを使って戻る世界は自分が望むようなものではないかもしれないが、そうなるまでに自分の思うような挑戦ができるなら、そのリスクを負う価値は十分にあるはずだ」と。

今いる会社の先輩みたいになりたいか？

僕は自分に与えられたリスクを負える時間がけっこう長いことを知ったのだ。さらにその人はこんな質問を投げかけてくれた。

「今いる会社の10年先輩を見てみろ。自分の10年後にその先輩みたいになりたいと思うか？」

はっきり言えばなりたくなかった。

これが僕にとって非常に大きな意味を持っていた。

詳しく書くことはしないけれど、とにかく自分の10年先輩を尊敬できなかったのだ。

こんなふうに転職する理由はいくらでも思いついた。


だからこそ、僕は転職するかどうかを守安さんにも相談している。

守安さんは「ＤｅＮＡに来たらどうだ？　おもしろい仕事ができるぞ」と誘ってくれた。ありがたい話ではあったが、僕の気持ちはディーリングに傾いていたために、丁寧にお断りしている。

この話には後日談があって、守安さんに相談したことで「どうやら榎本が会社を辞めるらしい」との情報が南場さんの耳にまで届いたらしく、守安さん以上に熱心なスカウト電話がかかってくることになった、それも南場さん本人から。これは自慢でもなんでもなく、ただただちょっとした騒ぎになって大変だったなぁという思い出。

実力が対価となって返ってこない業務に見切りをつけた僕は、社会に出て2年目に転職をすることにした。

どんなに働いても収入に上限があるラットレースから抜け出すことに決めたのだ。

当時、僕は25歳。ディーラーを3年やって自分は向いてないと思ったら、コンサル業界に戻ろうと決めていた。

社会人2年生で実力主義社会へ

小林洋行という企業のディーリング部に入社したのが2004年のことだ。僕はようやく、本当の意味でのスタートに立った。

小林洋行のディーリング部を選んだのは、ある理由があった。

転職時に証券会社からも内定はもらっていたのだが、より自分の目指す業務への距離が近かったことから、コモディティを選択したのは自然なことだった。

当時のコモディティはマーケットが株に比べて未成熟であり、比較的勝ちやすいと推測できたことと、**コモディティならすぐに自己裁量トレーダーをやらせてくれる約束を取り付けていた**ことも理由だった。

逆に証券会社での自己裁量トレードは最低でも、数年は待てと言われていたのだ。

それでも、この転職に関しては、周りの知人、友人、親等々、すべての人が見事に反対してくれた。

「そんな怪しい業界はやめておけ」

「給料も今の半分でこき使われるだけだ」

どれもこれもごもっともな意見であると思ったから、そうしたアドバイスも素直に受け入れた。

ただし、受け入れはするけれども、実際に言うことを聞くかどうかは別問題。

自分がやりたいことを見つけ、納得できるだけの理由や条件が揃ったときの僕は、驚くほど頑固で突っ走るタイプなのだ。

ときに優しく、ときに牙をむく、相場に流れる時間

話を転職後に戻そう。

入社して、最初に驚いたのがコンサル業界とは時間の感覚がまったく違っていたことだった。

コンサル業界では、1時間とは常に1日の24分の1の価値でしかない。それが朝だろうが深夜だろうが1時間は1時間でしかない、これは一般的には当たり前。

ところが、**マーケットに携わったとたんに、1時間はただの1時間ではなくなる。**

とくにマーケット（相場）が開いている間の5時間（当時）は、唯一のお金を稼げる時間帯となり、1分たりとも無駄にできる瞬間はなくなるのだ。

もちろん、その5時間の間に確実に稼げる保証はどこにもない。莫大な利益を生み出せることもあれば、頭を抱えてしまうような損失が発生する場合もある。

ときに優しく、ときには牙をむく。それが相場に流れる時間だ。

逆を言えば場中のピリピリ感はまるで戦場のようだが、それが終わってしまうとあとは、完全な自由時間。

午後3時半に後場が閉まれば、翌朝9時の前場開始まで何をやろうと自由なのだから、一日の中で時間の価値があまりに違うことに戸惑ったものだ。

さらに**僕のいたディーリング部は、高学歴のメンバーだけが集まっているわけではなく高卒から国立大学大学院出身者までがごちゃまぜに在籍していた。**

半ばこれは当たり前で、学歴よりも完全実力主義。まさに僕が望んだ職場だった。おまけに全員が20代というのも良い刺激になった。

その後、僕は先輩方に恵まれたこともあり、8か月後くらいには相場のコツを掴むことができた。

それと同時にディーリングの世界で生きていく覚悟を決めたのだった。

この時、僕にはタイプが真逆《まぎゃく》の先輩が二人いたのだが、見事なまでに物事に対する考え方が正反対の2人だった。

直観を大事にするか、客観的事実から判断するか

ディーラーとしては駆け出しの自分にとって、この2人の相場に対するアプローチはどちらもものすごく勉強になった。

かりに2人をAさんとBさんと呼ぼう。両者とも圧倒的に稼げるディーラーであることは間違いなかったが、マーケットに対するアプローチがまったく違っていた。

自分の直観を大事にするタイプのAさん。Aさんは頭もいいし観察力がずば抜けていた。

相場を見るときも、全体の動きを見渡して「ある人物をまずイメージし、この人はここで買い始めて、そしてこんな理由で損切りするんじゃないか」と思考することで、利益を生み出していた。

いっぽう客観的な事実の積み重ねから判断するタイプのBさんは、先の値動きなんてわかるはずがない。だからすべてをシステマチックに進める人だった。


2人はアプローチが違うのに、稼ぎ出す結果は他を圧倒している。これはなぜなんだ?

僕の分析魂に火がついた。

マーケットに正解はない。

利益が生まれれば、それはすべて正解で、逆なら間違いだ。

ただ、正解がいくつもあるのなら、少しでも多くのアプローチ方法を知ることは絶対に今後のディーラー人生において役立つはずだ。

目に見える数字の裏に何があるのか？

僕は2人の行動論理を理解するべく、職場での毎日の会話はもちろんのこと、飲みに行ったり、相手の家に泊まりに行ったりと徹底的にリサーチをすることに決めた。ただ職場で結果だけを知り、なんとなくその手法を真似してみることもできただろう。でもそれでは何もわからないと直感的に思っていたから。**目に見える売買の履歴ではなく、本当に知りたかったのは、その裏側にあるロジックを導き出すことができる思考方法**だったから。

そして、僕のリサーチは1年間続いた。

その結果、普段はBさんのように淡々と取引を行うが、マーケットが乱高下した場面では、Aさんのような殴り合いに似たトレードができるようになったのは、その2人の先輩に張り付いて得た自分なりの理論によるところが大きい。

気になること、知りたいこと、違和感。

この3つは徹底的かつ積極的に自分から足を踏み入れて解決するべき事項だ。

僕が圧倒的金額を稼ぎ出す2人の先輩のトレード手法を手に入れたいと思うよりも、そのベースとなっている思考方法を知りたいと思ったとき、すぐに行動に移したこと。

この一連の考え方と流れは、相場に限らず、多くの場面で通用する必殺技みたいなものだから。

社内全員がライバルの、歩合が10倍の超実力社会へ

ある程度、ディーリングに自信がついた頃、僕は再び転職をすることにした。三井物産フューチャーズ（現アストマックス）に入社。2005年6月のことだ。

この会社は野球でいうと長嶋監督時代の読売巨人軍。とりあえず、高い給料で他球団の

4番バッターを集めまくる。

そんな場所だから、もちろん**給料も完全歩合制。前職場と比べるとその歩合も10倍以上**はあっただろう。

僕は最年少での入社だった。


ただし、**職場内は殺伐としていて新しく入社したからといって、誰かが何かを教えてくれる空気など微塵《みじん》もなかった。**

そんな職場だから、同じチームだとしても、しゃべったことも2回くらいしかないなんていうのは当たり前で、周りのメンバーはすべてがライバルなのだった。

「若造に何ができるんだ」という周りの冷ややかな目。

最初にトレードするときは、指が震えたのを今でも思い出す。


そして何よりも僕を奮起させたのは、各人の利益額の集計がいつでも確認できたことだ。

まさに、キャバクラの女の子が指名人数をグラフにされているのと同じなわけで、利益が出なければ1週間であっさりクビを言い渡される。

実力なきものは去れ！　なのだ。

まるでマンガのようなシビアな部署は20人が定員。

おまけに**20人のうち半分は1年で入れ替わるという凄まじさ。そのため、1回も歓送迎会をやったことがない**というのもうなずける話だ。

1ヵ月の収益を一瞬で失う発注ミスをやらかす

独特な環境の中で、**1人で部署の利益の半分を叩き出した**こともある。これは大いに自慢していいと思う（笑）。

ただ、世の中そんなに事がうまく運び続けるわけもなく、忘れもしない2006年8月7日、デカいミスをやらかすことになる。値段勘違い誤発注！

前場が終わった直後に海外で原油が暴騰したのだ。こうなると後場の原油は大暴騰で始まることは必至だった。

ところがうっかり算出値段を勘違いし、理論より100ティック上で大量発注してしまったのだ。

そして**瞬く間に1ヵ月分の収益が消滅……**。

その日ばかりは、後輩を連れて飲みに出かける。当然だが、飲んだくれたところで損失は戻ってこない。後悔するしかなかった。

しかし落とし穴は、これだけで終わらなかった。僕は2年後にもとんでもないミスを犯している。名づけて「歴史的高値での誤発注2008」。

これは寄り付きからストップ高の日に、売りと買いを間違えるという、ありえない初歩的ミスだった。

それも翌日からヨーロッパのルクセンブルクへ1週間旅行という最悪なタイミングで。かなりの損が確定するポジションを残したままだから、上司の目には無責任この上ないヤツに映ったことだろう。それでも、自分が日本にいたところで損が急激に減るわけでもないし、と開き直りルクセンブルクへ。

そうは言ってもやっぱり莫大な含み損ポジションのことが気にかかるあたりは、僕も普通の人間なワケで、現地時間、深夜2時になると東京に毎日電話を入れるハメになった。

もし、そんな誤発注をしていなければ、ルクセンブルクの旅はもっと素敵なものになっていただろう。でも、やっぱりこれも誰のせいでもなく自己責任だ。

ところが、なんとルクセンブルクを発ったその日、原油価格が、史上最高値から数ヵ月で3分の1になってしまう歴史的転換の始まりだというドラマチックな展開が起こる。

大損確定のポジションが、わずか1週間のうちに　大儲けのポジションに変身したのだ。

歴史的転換のときに起こした誤発注。偶然にも結果オーライで終わったミスだったが、あまり喜ばしい記憶としては残っていない。

そして僕は2010年6月に独立をする。

PART
3

一日10分だけ働く、僕の稼ぎ方

自由にこそ価値がある

僕が会社を辞めて、会社を設立しようと思ったのは、単純にそれが自分の性格に合っているとわかっていたからだ。

そして、なによりも自由な時間を一番手に入れやすいとも思っていた。

僕の会社は、プロップファームといって、自分の資金だけで投資を行っていく会社だ。ファンドのような投資家からの資金を募って運用することはしない。

ということは、すべては自分の責任であり、お金を出してもらった見返りに縛られることもない。つまり儲けも負債も、すべて自己管理内で完結するわけだ。

この**「第三者からの縛りがない」ということは僕にとっては何よりも価値があること**だった。

自分では下積みだと思っているサラリーマン時代は、まさにいろいろなものに縛られて働いていた。

時間はもちろんこと、上司からの命令、仕事の内容、会社への通勤など、自分でもっとやりたいことがあっても、それを実現するだけの余裕はどこにもなかった。

それでも自分なりに良い結果を出そうと仕事をがんばって、ちょっとでも自由に振舞えば、あっという間に各方面から横槍が入る。それが会社であったり、上司であったりする。

結果、いろいろなことを経験しながら、僕自身に必要なのは自由であることだと気がついた。

そして、サラリーマンに見切りをつけ進んだ道が独立であり、プロップファームの設立である。

時間とお金を交換する働き方はやめよう

自分の会社を設立してから数年、それほど大きなトラブルに見舞われることなく現在に至るのだけれど、**僕の中で描いていた理想的な自由は手にすることができた。**

それは、時間とお金に追われない生活。

僕のことをよく知らない人に「大変でしょ」と言われることがある。

最初の頃はいったい何が大変だと思うのか不思議だったが、今ではその理由がわかるようになった。

日本で社長と呼ばれる人は約50人に一人なのだそうだ。もちろん社長といってもピンキリなのだろうけれど、それでも会社代表の肩書きを持つ人は意外と多い。

もちろん僕も社長と呼ばれる人を多く知っているが「この人はなんでこんなに猛烈に働いているのだろう?」と思える人もまた数多く知っている。

そういう社長たちの姿から見えるのは「自分ががんばっているから会社がある」という現状なのだ。

僕は、こうした**忙しい社長を見るたびに「どうしてそんなに一生懸命働いているのに、お金と時間を交換しなくてはならないのか？」という部分に大きな疑問を感じていた**こともあった。

忙しくないとお金を稼げないという図式に納得がいかなかったし、それでは自由なんて手に入らないと思っていたから。

「自分のスタイルで働く」ということ

だから、お金が自由な生活を得るためのツールである以上、仕事に追われて稼ぐスタイルは僕の中ではNGなのだ。

「仕事が忙しくてね……」とクチグセのように言う人も多いが、僕は逆だ。

好きなことを好きなときにやっているから、ぼくは絶対に忙しいとは言わない。どんなにスケジュールが詰まっていてもだ。

要するに自由であるということは、お金を得るために時間を差し出さないということ。仕事で100万円を稼ぎ、その100万円で100万円分の時間を得るとしたら、それは自由でもなんでもなく、ただ対価を受け取っただけ。

だから僕が目指したのは自由な時間を手に入れた上で、それを有意義に過ごすためのお金が別に生まれるシステムであり、その結論がプロップファームだった。

何千万、何億円稼ごうとも、一日中デスクに座り、パソコンと向き合うのであれば、それは僕のスタイルではない。

スマホを片手に好きなときに好きな場所へ出かけ、ちょっとした時間に相場をチェックして、また趣味の世界に戻る。

こんな生活をしたかったからこそ、僕はここに至るまでの過程を逆算していた。

お金があったら、こうしてああしてではなく、自由を手に入れるために必要なことを、ひとつずつ確認して手に入れていった。

自由を手に入れるためのきっかけは、君の周りにも転がっている

お金を稼ぐ方法はいくらでもある。

サラリーマンという仕事以外で考えるなら、独立して商売を始めてもいいし、為替や株などの投資に進むという選択肢もある。

そこの収入に制限はなく、自由を手に入れるためのきっかけはたくさん転がっている。

ただ、自分が思い描いていた自由を手にするためにはそれなりの資産が必要で、その資産を稼げるのは相場しかないと、人生の早い段階で教えてくれた人がいたことも、僕にとってはラッキーだった。

好きなときに好きなことができる自由。これを実現するための手段は人それぞれだが、僕は相場というフィールドを選んだ。

だからと言って、自由が欲しいなら相場をやりなさいと言うつもりはない。

多くの人が知っているように、相場にはリスクも必ずある。

そのリスクを回避するためには、それなりの勉強も知識も経験も必要なことであり、一朝一夕で身につくものでもない。

だからこそ、安易な気持ちで相場に飛び込んでくるのは自殺行為だとも思うし、それなりの覚悟も必要だと理解はして欲しい。

その上で、あえて言うならば僕が自由気ままに過ごせているのは、やはり自己の責任でディーリングを行うプロップファームという道を選択したからだと思う。

そして、設立したプロップファームに社員も徐々に増え、業務も軌道に乗った今、僕にはさらに自分の好きなことをできる時間が増えてきている。

設立前や直後は、バタバタとした時期もあったが、トータルで考えれば、その時間は何倍にもなって僕に返ってきている。

だから僕は「時間と自由をローリスク・ハイリターンで手に入れることに成功した」と思っている。

僕はこうして稼いでいる

相場といってもそのフィールドは様々だが、僕の業務内容を簡単に説明しよう。

マーケットでの裁定取引といってもよくわからないだろうし、身近なアイフォンを例に出してみる。

たとえば新しいアイフォンが10万円で発売されたとする。これは東京でも沖縄でも売っているが、東京では人気があるので定価10万円のものが11万円でも売れる。

ところが沖縄だと10万円で手に入るから、沖縄で仕入れたアイフォンを東京で11万円で売る。すると1万円の儲けが出る。これを世界の市場規模で行っている。

ごく簡単に説明すると、たったこれだけのこと。

ただ、年々市場が複雑化してきていることもあって、今はアイフォン同士では上手くいかなくなっている。

そこでアイフォンとつながりがあり利益がでるものを探すのだ。これはときに、まったく関係のない品物であることも多い。

そのためアイフォンと同じ値動きをする品物を見つける。その銘柄を探す。アイフォンと値段の差を見る。

この三つをノウハウとして身に付けて、あとはどこでどれだけの分量を買うかを決めるだけ。これが僕の仕事だ。

ただ、相場で稼ぎたいと思うならそれなりのアドバイスをしよう。周りと違うことを恐れるなと。

サラリーマンだろうがディーラーだろうが、人と同じことをしていたら、よっぽどの奇跡でも起きない限り、結果も平凡なものにしかならない。

なまじっか奇跡などが起きてしまうことのほうが恐ろしい。

しょせん奇跡なんていうのはその場限りのもので、未来を支え続けてくれるようなものではないし、いきなりバブルがやってきて100万円の資金が、1億円に化けることなどないのだから。

そんな起きもしない奇跡に期待するよりも、人がやらない部分に目を向けたほうがはるかに建設的だ。

だから僕はサラリーマンディーラー時代に、海外マーケットを使った取引を行った。

それは社内で海外マーケットに着目している人はいなかったから、きっとそこに勝機が潜んでいると睨んでいた。

今でこそ当たり前になった海外マーケットを使った取引だが、当時そのノウハウを構築していたのは、ごく一部の総合商社だけしかなく、僕は異端児扱いされていたけれど、あのときに着目したポイントは正しかったと証明してみせた。

人と同じではダメ、これは間違いない真実だとわかってもらえると嬉しい。

相場で生き残るということ

みなさんは相場の世界にどんなイメージを持っているだろうか？

株にしろ為替にしろ、非常にギャンブル性が高い、リスキーなイメージもあるかもしれない。

ただ、今の世の中でサラリーマンの生涯賃金を大きく上回る財産を築こうとしたら、やはり相場で稼ぐしか方法はないと思う。

もちろん独立して起業するという選択肢もあるけれど、お金を増やしていくスピードと稼ぎの上限を考えれば、相場で生き残るほうがはるかに夢は見られると思う。

「生き残る」と書いたことからもわかるように、相場の世界は決して甘くない。

多くの素人投資家が株や為替に手を出して、あっという間に資金が尽きて「退場」というのは珍しくない。
このあたりの話は、投資や相場のノウハウ本には嫌と言うほど書かれているからご存知の方も多いだろう。

それだけに**「相場で当てる」なんて、あたかも偶然に金山を見つけましたというような表現がされるのだけれど、実際はそうではなく、稼げる能力のある人が稼ぐという、ごく当たり前の場所**と言える。

ただし、相場は勉強さえすればそこその財産が残せるほど甘くはない。
いくら勉強しても実践で結果が残せるかどうかは別問題で、これには環境やセンスなどいろいろな条件が複雑に絡み合ってくるので一概に「こうしたら勝てますよ」というものでもないことはご理解いただきたい。

相場の波に乗る

「相場は波乗りと同じ」と僕は事あるごとに説明する。

なにも勉強せずにボードだけ抱えて海に入るとあっという間に溺れてしまう。

自分に合ったボードを探し、泳ぐことも覚え、さらに波の乗り方を徐々に学習していく。

こうすれば、いきなり溺れてしまうことはない。

とは言っても、あくまでも事前に準備して勉強すれば溺れないというだけで、うまく波に乗れるわけではない。

相場は稼ぐ場所であり職場なので、ただプカプカ浮かんでいるだけでは何も生まれてこないのだ。そこから波に乗る（稼ぐ）ためには、やはり誰かに教えてもらう必要がある。

そして僕はサラリーマン時代に、稼ぎ方を先輩から教わった。

これは先ほど書いた環境という部分が非常に大きく関係してくる。

どんなに用意周到に物事を進めても、稼ぎ方を教えてくれる先達に学ぶ機会がなければ、なかなか成果を上げることは難しい。

中には天賦《てんぷ》の才があって、独学でも稼げるようになる人もいるだろうが、その確率はかなり少ないと思って欲しい。

そんな中で、僕は先輩にも恵まれ、たまたま稼ぐ方法をマスターできた幸運の持ち主と言えるかもしれない。でも、ただ運だけで稼げるようになったわけではない。

相場で稼げるヤツと稼げないヤツはここが違う

相場に関して言うと、僕は人一倍、度胸があったように思う。

サラリーマン時代の同期で稼げるヤツと稼げないヤツははっきりと分かれていた。もちろん僕はなぜ、稼げる人と稼げない人がいるのかを考えた。

まず僕が勝てた理由は、大切なところで度胸を発揮することができたことが大きい。

それも普通の人なら尻込みして、傍観を決め込むような場面でも積極的にポジションを持った。

逆に稼げない人は、よほどのことがない限りポジションを持たなかった。

これを言い換えると僕はリスクを覚悟の上で勝負に出るタイプで、稼げない人は大勝もしないけれど、傷口も最小限で済むタイプとなる。

僕のようなタイプは、どうしてもハイリスク・ハイリターンだと思われがちだが、実はその裏には、勝負に出るだけの理由がちゃんとあった。

理由があったからこそ、僕は他の誰よりも実績を残すことができたのだった。

ここで重要なのは、勝負に出る理由を僕自身がしっかりとわかっていたこと。

誰かに「なんでこのタイミングで、そんなポジションを持ったのか?」と聞かれたら、僕はいつでも完全にその説明をすることができた。

だから、負けたポジションに関しても、負けた理由は簡単にわかったし、次の戦略に大いに役立った。

考えてもみてほしい。

結果は惨敗だったとしても、そこに至るまでには自分が考えた勝ちへつながる道筋があるのだから、要するにその道筋が間違っていただけのこと。次からは、違う方法を考えればいい。

逆に稼げない人のパターンは、手を出さない理由ばかりを並べ立てるのだ。

「あのときはこうした状況だから、勝率が悪いと思った」

「勝てる要因があまり見つからなかった」

こうなると、勝てはしないけれど損も出なかったという、変な達成感や安堵感しか生まれてこない。

こんなことを繰り返していると、勝負に出るのはかなりの安全マージンを確保できたときだけで、稼ぎもたかが知れている。

万が一、小額でも負けようものなら、その先には勝てるビジョンなど見えるはずもない。だから、その次のチャンスも目の前を素通りしてしまう。

僕が勝負をする理由

僕から言わせれば、勝負する理由が見つかれば「ここはやるしかないでしょ！」となるのだが、残念ながら成果を残せない人のほとんどは、過剰すぎるほど臆病なのだ。

ただ、この度胸と臆病に関しては、リスク・マネージメントをどう自分に取り込んでいくのかがポイントとなる。

相場に身を置いてすぐは、リスクを把握できないからほとんどの人はイケイケで攻めることができる。

しかし、その後、痛い思いをしていくうちに、リスクを恐れるようになるのだ。

このときに、ただ怖いという臆病さだけが残ってしまうと、それをずっと引きずってしまう。


だからこそ、**リスクをしっかりと把握した上で、ここぞというときに勝負に出る度胸を養って欲しい。**

そのためには、やはり物事を様々な角度から観察し、できる限り多くのパターンを想定できる力が必要になる。

そのためにも勉強と経験、そして教えてもらうことが必要不可欠になってくるのだ。

これは相場に限ったことではなく、どんな仕事であっても同じことが言えると思う。


たとえば起業して、何かのお店を始めたとする。

そのときに、まとまった金額の設備投資をするか否かの分岐点に立ったとしたらどうだろう。現状維持でも、そこそこの売り上げがあるけれど、できればもう少し利益をかさ上げしたい。

しかし、この段階での投資は資金的なリスクを伴う。

ここでの正解は「100%満足じゃないけれど、今のまま様子見が安心」なのか「ここで一気に事業を拡大するぜ」なのかはケースバイケースだが、状況を観察して勝負する理由があるのであれば、もちろん設備投資を行ったほうがいい。

ひとつだけ勘違いしてほしくないのは、勝負する理由、つまり根拠が大切なのであって、そこに勝てるという保証は存在しないということ。

だって、絶対に勝てる保証があるとしたら、それは勝負でもなんでもないのだから、黙って金を出せばいいだけのこと。

しかし、そんな保証がないからこそ、勝負する理由を必死になって探すのだから。

勝てる理由を探しだしたら、君の負けだ

ここを履き違えると、とんでもないことになる。

勝てる理由を探し始めたら、勝負なんかできっこない。絶対に勝てる方法などどこにもないのだから。

だからこそ度胸を発揮するためのロジックを積み上げていくことに価値があるのだ。

僕の会社にも、リスク回避が最初に来てしまうタイプの社員がいて、いかに現状でポジションを持つリスクが大きいかを説明してくれる。月初はなるべくリスクは取りたくないと言い、月中になると中盤戦だからと傍観し、月末が来れば来月を見越してと説明する。

「じゃあ、お前はいつリスクを取って勝負するんだよ！」

と言いたいところだが、それも個人のキャラクターだと思って、今はぐっと堪えること

もある。

それでも、この先彼が相場の世界で生きていこうとするなら、このままリスク回避優先のスタイルでは必ず壁にぶち当たるだろう。

そうならないためにも、**リスクもリターンも細かく分析して、傍観スタイルから脱却していく必要**があるだろう。

これは向き不向きではなく、分析して結果を出すという、ごくシンプルな流れでしかない。ただ、このシンプルな流れの重要性に気がついている人は意外と少ないのだけれど。

相場の「9回裏2アウトからの逆転満塁ホームラン」の意味

今、この本を手にしている人の中には、相場にまったく縁のない人もいるだろう。

そして、よくわからないが、運がよければ大金が転がり込んでくるけれど、失敗するとあっという間に全財産を失うハイリスク・ハイリターンの世界と思う人も多いはずだ。

そもそも相場に興味があるとか、もっと稼げる手法がないかと探している経験者の方は、それ専門の本をたくさん読んでいるだろうから、あらためて僕が相場で勝てる方法や、心構えを説明する必要もない。

たぶんだけれど、僕が相場の手法について語ったとしても、画期的な取引方法や、驚くほど勝率が上がる裏技を紹介することはできない。

それでも相場に関することを少し書こうと思ったのは、**物事に対する取り組み方や考え方は相場だけでなく、目標を持って進んでいる途中で必要な状況判断に相通ずるものが多いことを前から感じていたのが理由。**

だから、相場なんてよくわからないし、手を出すつもりもないと考えていても、一読して欲しいところでもある。


相場は思いがけず莫大な利益が出る瞬間がある。

それはまったくの偶然で予想していなかった動きが、たまたま利益につながったというケース。

たとえば、それまでマイナスのポジションを抱え続けていたのに、なにかのきっかけで価格が一気に跳ね上がってプラスになったとする。

さっきまでマイナスを覚悟していたのに、一瞬でプラスに転じる。そう、僕が先ほど話した誤発注事件のようなものだ。

こんな状況はラッキー以外の何物でもないから、ドラマチックに見えるのかもしれない。野球で言うところの「9回裏2アウトからの逆転満塁ホームラン」みたいなものだから。


でも**相場の世界ではドラマチックな展開は、基本的にＮＧ**だ。

ドラマチックに思えるのは、そこに意外な出来事が重なるから起こるわけで、そんなことを毎回していたら、とてもじゃないけれど資金がいくらあっても追いつかない。

それに劇的な展開の結末がハッピーエンドである保証もなく、そのほとんどはバッドエンドとなることのほうが圧倒的に多いのだから、その危険性はおわかりいただけるだろう。

このドラマチックな展開は、占いやギャンブルと同じで、結果が良かったときのことは強く印象に残り、悪かったときのことは忘れてしまう。

だから、多くの人は勝ったとき、よかったときのことを追い求めてしまうから注意が必要なのだ。

気持ちの上下のブレをなくす

相場において資金は命であり、資金が底をつけば取引できなくなる。そう考えれば、一時期の感情だけで動くリスクはおわかりだろう。

相場に向き合うときは気持ちに上下のブレをなくし、淡々と機械的に取引をすることが一番大切なのだ。

そしてこの一番大切なことが、一番難しい。とくに負けが込んでいるときほど人間は感

情的になりやすいから。

僕の会社にもこんな人がいる。負けポジションが増えてしまうと、頭に血が上ってカーッとなってしまうタイプ。

こうなると冷静になるどころか、感情的になり次々と負債を増やしてしまうのだ。たとえて言うなら、カジノの隣に質屋があって、負けて熱くなった客が手持ちの資金がなくなると、そこへ駆け込んで身に付けている時計やら貴金属やらを預けて資金を作る。

今までの負けを取り返してやろうと、息巻いて賭場に戻ったところで預けた時計も貴金属も取りに行くことはできない。儲かるのはカジノと質屋だけ。

こんな状況になっているのが僕はわかるから、最初に「一時期の感情で突っ走ると、社会的信用がなくなりますよ」と告げる。

これはどういうことかというと、僕の会社で働く社員さんたちには、自己裁量でトレードを任せている。

だから、彼らが出した利益と損失は会社の財務に直結することになる。

しかし、彼らはサラリーマンだから、目先の取引で勝っても負けても、自分の給料に影響が及ぶことはないのだが、だからといって、どんな取引をしてもいいわけではない。

そこで、僕は彼に言うのだ。

「いくら自己裁量で任せているといっても、そこは会社のお金でトレードしているのだから、その結果を利益として会社に還元しようという志を持って欲しい」と。

もし僕が会社の利益だけを追求するなら、はじめから人材育成に力を入れる。たとえお金が今よりもかかったとしてもだ。

しかし、そうではなく社員自身がいろいろと考えながらディーラーとして成長して欲しいと思うから、自己裁量権を与えている。

このことを、しっかりと汲み取って欲しいと僕は思っている。

怒りやイライラのパワーを抑え込むことが、稼ぐことへの近道

たまたま僕は仕事で相場に向き合うから、気持ちの持ち方と結果の関係をお金（収益）にたとえたけれど、この結果を人生や生き方、日常生活と重ね合わせたらどうだろう。

仕事でもプライベートでも、うまくいかなくて腹が立ったり怒ったりすることが誰にでもあると思う。

そんなときに、**イライラしたまま、物事を無理に進めても上手くはいかないし、結果がついてこないことで余計にストレスを感じてしまうはず。**

自分の仕事が上手くいかないからといって部下に八つ当たりをする、イライラした気持ちを関係のない他人にぶつける。こんなことをしていたら、仕事仲間からも友人からも、付き合いにくいヤツというイメージをもたれるだろうし、尊敬だってしてもらえない。

それどころか、付き合いそのものがなくなってしまうことだって十分に考えられる。

また、人生の中で分岐点に立ったときだってそうだ。いろいろなことで不満があって、その気持ちの勢いだけで会社を辞める、転職する、起業する。これだと絶対に上手くいかない。

なにせ、**大事な物事を決める瞬間のエネルギーがすべて不満や怒りに吸収されているから、一番大切な周りの状況やこれからの展望まで神経が行き届かないからだ。**

年齢に関係なく、もし何か大きな選択をしようとするときに、その理由が不満やストレス、怒りという感情ではないかをちゃんと確認して欲しい。

ときに怒りや不満は「なにくそ」という大きな力となってくれることもあるが、それは一瞬だけ引き出せる力であって、持続力がない。

その証拠に、どんなに怒っていても、その怒りのパワーは長い時間持続しないのは誰でも同じだ。

恋人や友人とケンカしたからといって、何週間も何ヵ月も怒りっぱなしということはありえないだろう。

一瞬だけイライラしたあと冷静になり、その後でいろいろと仲直りの言葉やきっかけ、これからのことを考える。

中にはケンカが原因で別れてしまうカップルもいるけれど、その場の勢いで別れてしまうとあとあと後悔するパターンが多いのは簡単に想像できるはずだ。


相場で安定して勝てるようになると変化が起こる。金銭的なことが変わるのはもちろんだが、精神的に安定してくるのだ。

すると人は怒らなくなる。たとえ理不尽な人が目の前に現れても、いちいちその人の言動に反応してイライラしたり怒ったりすることがなくなるのだ。

「お金があれば気持ちは落ち着く」ということではなく、稼ぐ（成功する）ためには気持ちの持ち方がとても重要で、怒りやイライラのパワーを押さえ込むことも必要だと言いたいだけだ。

正しいのはいつもマーケットで、間違っているのは自分自身

お金と気持ちの安定は、絶対に深い関係があると僕は思っている。でも、その関係を言葉の表面だけで理解しようとすると「お金があれば幸せ」という短絡的な答えになってしまう。

そうではなく、なぜお金を持つと気持ちに余裕が生まれるのかを知ってもらいたい。そのために、**相場で稼ぐことと気持ちの関係を僕なりに分析して表現してみたのだ。**

その証拠となるかはわからないが、僕が知っている相場で成功を収めた人のほとんどが、非常に穏やかで、何事においても尊敬できる人格者である。

その点で言えば、僕はまだまだ人格者とは程遠く、つい先日も友人と飲んだときにも、なかなか運ばれてこないビールにちょっとイラつき、久しぶりに実家の車を運転したときにも、急な割り込みに腹を立てた。

そんなときに、あからさまに怒りを表現することはないけれど、あとで僕もまだまだだなぁと苦笑いをするのが今の僕だ。もう少し精神的な成長の余地があるということだけれど。

だからと言って、相場の世界に安易に足を突っ込むようなことはしないほうが賢明だ。パソコンひとつで簡単に稼げるようなイメージがあるが、軽い気持ちで飛び込んでくるとあっという間に全財産を失うリスクは低くない。そのあたりのことだけは忘れないでいただきたい。

それでも相場に向き合いたいと思うなら、ぜひ次のことを肝に銘じてほしい。
常に謙虚であれ。正しいのはいつもマーケットであり、間違っているのは自分自身という考え方だ。

どんな理由があっても、損失が出たとしたら、それは相場が間違っているわけではなく、先を読みきれなかった自分の責任である。

あの時、相場が急に動かなければ勝てた、状況が一変したから負けた。どんなに叫んでも損失は消えないし、それが相場だと納得するしかない。相場はいつも正しいことしか言ってくれないのだ。

僕がふらっと海外に行く理由

僕はちょくちょく海外に足を運ぶ。

その理由はたくさんあってレジャー目的のこともあれば、友人に会いに行くこともある。つい先日までは飛行機のライセンスを取得するために、フィリピンのセブ島に月2回は通っていた。

そうした遊びの中で、その土地でビジネスを展開している日本人と知り合うことも多い。香港、セブ、シンガポール、ホーチミン。どの土地でも縁があって、日本人起業家と交流が始まると、本当によい刺激になる。

香港、中国、台湾で乾物を扱っている経営者は確か高校を飛び出し、そのままビジネスの世界へ入ったはず。持ち前のガッツを武器に、アジアを飛び回り、ビジネスを展開している。離婚歴2回で、英雄色を好むというタイプ。なかなか日本では出会えない人物だと思う。

セブ島でいつもお世話になっている寺田章さんもユニークな人だ。日本で複数の会社を経営し、さらに国会議員の政策担当秘書も務める。いまはセブ島でリタイアメントビザの取得代行、留学支援、企業進出サポートなど、70代と思えないほど精力的に活動されている。

現在の日本では、どんなビジネスでもある程度先が見えてしまっている感がある。**これは日本では稼ぐチャンスがないというのではなく、どんなにうまく行ったとしても、今の僕が持っている目線では未来に見える成功のスケールがそれほど大きくないという意味だ。**一種の閉塞感と言ってもいい。

ところが日本を一歩飛び出せば、ビジネスチャンスがごろごろと転がっていることをすぐに実感できる。

世界で仕事をする起業家から、ビジネスのアイデアを聞いているだけでも、心の底からワクワクしてしまう。

それぞれの国によって国民性、人件費、土地代、政治体制など事情はまったく異なるから、当然ビジネスに関する発想も日本流では通用しない。

そうした異文化の中身を友人から教えてもらい、深く知ることで僕自身もとても勉強になる。

それらを踏まえたうえで、日本に戻ると、今までは気がつかなかったビジネスチャンスを発見することも少なくない。

たしかに海外に行くことは楽しいけれど、ただ遊びに行くだけだともったいないと僕は考えている。

せっかく海外の土地へ行くのなら、日本の日常と違う何かを少しでも掴んでおきたい。

それが海外へ行く大きな理由のひとつ。

日本にだってビジネスチャンスはたくさんある。そのチャンスという石を光るまで磨くためには、今までのやり方では手間がかかる。

そこで、従来とは違う方法で磨くことができれば、今までよりももっと早く、そして効率よく光らせることができるかもしれない。

そして、そうやって磨いた石は、今までに見たことのないような光を放つことだって十分に考えられる。

とにかく、海外は刺激的であり、僕に多くのものを与えてくれる場所だ。

高級車、高級な時計、ブランド物を持たない理由

もう少し僕の私生活にお付き合いいただこう。

たぶんだけれど、僕は僕と同じくらいの収入がある人に比べるとかなり、質素（多少の

語弊はあるかもしれないが）な日常を送っている。

たとえば、**僕は自分の車を持っていない。**こうなると移動は電車かタクシーしかないわけだが、それで十分に事足りている。

お金がある人はフェラーリだのポルシェだのを乗り回すイメージがあると思うが、僕はそうしたスーパーカーを持ちたいとは思わない。

さらに言えば、**高級な時計もブランド物の財布も持っていない。**時間はスマホでも見られるし、財布はお金と数枚のクレジットカードが入ればいいと思っている。

ただ、食事や趣味にはお金をかける。美味しいお酒を飲むことや食事をすることは、自分にとって一番意味のあるお金の使い方だと思っているから。

資産家と呼ばれる人は山ほどいて、それこそ僕の何千倍も自由になるお金を持っているだろう。

でもそんな人たちが、僕の何千倍も価値がある食事ができるかと言えばそんなことはまったくない。

そう言う意味では、食に関しては世界に名だたる資産家と僕は同じレベルにいることができる。だから**僕は食に関してはお金を惜しむことをしない。**

なにせお金は人生を充実させるためのツールなのだから、自分にとって有意義な使い方をしなければ意味がない。

物欲だらけの僕が目覚めた「利用限度額がないクレジットカード」の話

僕が車を持たないのもそれと同じ理由。

車を移動手段として考えれば、高級なスポーツカーやリムジンである必要がないし、もっと言えば自分で持つ意味がない。

逆に誰かに自慢して優越感に浸りたいとか、高級外車に乗ることで利益が生まれるなら、もしかしたら何台か所有していたかもしれないけれど。

ただ、今の僕には高級外車や高級時計は必要ない、つまり物欲がないのだろう。

よく「金持ちになったらあれを買おう、こんな贅沢をしよう」と考える人がいる。**もちろん僕だって若い頃から物欲がなかったわけではない。それこそ20代前半では欲しいものも山ほどあったし、贅沢な暮らしにも憧れていた。**

そんな中、20代前半の僕は、日本を代表する実業家、松本大さんが自書の中で書いた**『利用限度額がないクレジットカードを持っていたならば、お金が究極の目的であるはずがない』という言葉に出会う。**

物欲だらけの僕にとって非常に考えさせられる言葉だった。

この言葉が発する本当の意味を考え始めた僕は、とりあえず買いたいものを書きなぐってみた。

高級マンション、高級外車、海外の別荘、ファーストクラスでの移動、ブランド品、世界中の一流の食事、高級ワイン等々……。

見事なほどよく聞く急にお金を持った人の物欲パターンと同じで、自分でも恥ずかしくなるほどだった。

もし、僕の周りにそんな金の使い方をするヤツがいたら、「やっぱりこの成金め！」と思っていたに違いない。

自分のこととは言え、あまりにも恥ずかしかったから、もう少し考えてみた。お金を持つことの意味と、その使い方について。

モノとして残らない経験には、一切お金を惜しまない

そしてあることにふと気がついた。

どんなものでも「所有」すると執着が生まれる。

高級マンション、高級外車、高級時計……。それが入手が困難だったり、高価なものであればあるほど、執着は大きくなる。

しかし、どれだけ**高額な出費であっても、形に残らない「経験」であれば、執着は生まれない。**

だから僕は、美味しい食事をすることや、ファーストクラスで移動すること、飛行機のライセンス取得といった趣味に、**お金を惜しまない。**

それらはすべて、「経験」として僕の中に残るものだから。

そのことに気づいてから**物欲や所有欲は一気に消えていった。だから、今まで自分の車を持ったことは一度もないし、住む家も買ったことはなくすべて賃貸だ。**

その代わり、モノとして残らない経験に対しては、一切妥協しないしお金を惜しむことはしなくなった。

これが、僕が高級マンションや高級外車を買わない理由。

それと同時に、モノに対しての考え方も大きく変化したことも付け加えておく。

物欲や所有欲がなくなったからと言って、物を買わなくなったわけではない。

必要ならば洋服だって小物だって買う。

買うのだが、高いブランド品だから買うということはなくなった。

たしかに少々値の張る靴やジーンズを持っている。でもこうしたものを買うときにはそれなりのワケがある。それは自分が欲しいなんていう幼稚な理由ではなく、その品物が持つ本当の価値を理解できたときだけ購入するのだ。

よく聞く話だが、海外の高級ブランドの中には、自社で製品を作っていないことがある。その製品自体は日本国内で生産され、ブランドタグだけを本社が縫い付ける。もし、タグがなければ、その製品の販売価格は半額にも及ばないはずだ。製品としての差がまったくないにも関わらず。

それを知っている僕は、ブランド品と呼ばれるアイテムを意味もなく買うことは絶対にない。けっこうな値段を支払うだけの価値をタグだけに見出せないから。

逆に、その海外ブランドを作っている国内メーカーが、輸出するよりもはるかに高品質な製品を自社ブランドで販売しているなら、僕は喜んで買う。

それはジーンズ一本に3～4万円とか、靴に10万円とかの値段がついていたとしても、**バックグラウンドを通して作り手の想いが見えればその金額を支払うだけの価値もあると**

思っているからだ。

余談ではあるが、僕だっていきなり物欲や所有欲をきっぱりと捨てられたわけではない。

不動産も車も必要ないと思うまでに、やっぱりちょこちょこと買い物だってしてた。

それは今思うと非常に無駄なものばかりで、高級時計にブランド財布、中にはえらく高い絨毯を買ったこともある。

自分の部屋の片隅に高級時計を並べ、女の子が遊びに来たときのことを考えて高くておしゃれな家具を置いたこともある。

でも、そうした僕の努力はまったく実を結ばず、女の子はもちろん、遊びに来た男友達でさえ、時計や家具を褒めてくれることは一度もなかった。

他人に見せたいために、お金を使うのをやめてみた

そして、僕はだんだんと気がついてきた。

時計はひとつあればいい。いや、ひとつどころかスマホで十分だと。

家具もインテリアも値段で買う意味がない。大事なのは自分にとって使いやすいかどうか、値段だけの価値がちゃんとあるかどうかだ。

その結果、そうした物欲で購入したものたちは、いつのまにか雑に扱われて、気がつけばどこかに消えている。クローゼットの端っこか、それとも引っ越しのときに行方不明になったかわからないが。

そういえば、思い出した。自宅で売れっ子ホストのドキュメンタリーを見ていたときのこと。

主人公として登場する売れっ子ホストの部屋には、僕が買ったことのある高級時計が写っていた。それこそ彼が持っている何十個の時計の中のひとつだったが、その光景を見たときにこう思った。

「彼らは見られることが仕事だから、高級な時計も見栄えのするスポーツカーも必要なんだろうなぁ」と。

もちろん、そのとき僕の部屋には高級時計などひとつもなかったのは言うまでもない。

お金の使い方、使い道は人それぞれで個人差がある。

一瞬の満足のためにお金をかける人もいれば、他人からの見栄えをよくすることに大金を払う人もいる。

いろいろな考え方がある中で、**僕はやっぱり自分のためにお金を使いたい。**

だから、移動中の仕事効率を上げるためにはグリーン車に乗るし、キーボードは多少高くても使いやすいものを選ぶ。椅子にもこだわりがあって、長時間座っていても疲れないものを愛用している。

これは贅沢でも物欲でも自己満足でもない。**自分のためにお金を使っているから、いつか大きなリターンとして返って来る。**

たしかに、僕の生活の一部分だけを切り取ってしまうと、そこにあるのは、たまたま金を持った若僧が、思いつく限りの贅沢をしている姿としか見えないかもしれない。

でも本質はそうではなく、**お金を使うならどう使うか、なぜ使うか、それを明確することが大切なことだと思う。**

そんなわけで、もし僕が車を買うとしたら、きっとゴルフを始めたとか、そういう理由ができたときだと思う。

ただし、そのときは誰もが振り返るようなスポーツカーではなく、世界一燃費がいいとか、自動運転機能がついた最新式とかを選ぶと思う。なにせ車は移動手段なのだから。

「リッツカールトンに住む」という経験にお金を払う

「じゃあ何で芸能人がたくさん住むようなマンションにいるのか？」

「不動産を買わないだけで、それは物欲じゃないのか？」

と思う人もいるだろう。

でも、それは物欲じゃなく、単純にそのマンションに住んでみたかったというだけの話。

もっと具体的な話をすれば、2012年から2015年の間に住んでいたのは六本木にあるリッツカールトンの居住棟だ。

ここは日本では初めての五つ星ホテルが運営しているマンションだったから、それはどんなものか知りたいというのが住んでみた最大の理由だった。

でも結局はそこの暮らしも3年で飽きてしまった。

こうなるのは予想していたし、望んでいたのは高級なマンションでも立地条件でもなかったから当たり前と言えば当たり前。振り返ってみれば、そうした立派なマンションに住んでみたという経験と記憶が残った。

よく出会う芸能人も、屋上のジャグジーも、僕の人生を豊かに彩ってくれるものにはなり得なかったということだ。

執着はかっこ悪い

もしも、僕が高級マンションを購入していたら、それが無くなったときに「ああ、あの頃はよかった。高級マンションを所有していたのに」という執着が生まれる。

もちろん、財産を手放すなんてことが、未来永劫起こらない保障があればいいのだろうが、僕はそこまで楽天家じゃない。

今の生活が一変してしまうことだって、頭の片隅で常に考えている。

でも僕のまわりには、それに気がつかず消えていった人が何人もいた。


2004年はいろんな意味で、僕の仕事のバブルだった。

極端な話、学歴や実力なんか関係なくトレード端末さえあれば、ある程度のお金が保証されている。そんな時期だった。

そのせいで、一気ににわか成金が増えて、僕のまわりもにわかに騒々しくなったことを覚えている。


1980年代後半に起こった本当のバブルには及ばないと思うが、とにかく派手に遊び金を使う人がそこかしこに現れた。

やれ高層マンションの最上階を買っただの、一等地に家を建てただの、そんな話はいくらでもあった。

お金を持つと後先を考えずに贅沢をするという典型的な図式だった。

ただバブルはそれほど長く続かず、あっという間に衰退していった。

それと同時に、湯水のごとく散財していた人たちはどうなったのかといえば、目に見えて減っていく収入と生活のバランスが取れなくなって、住んでいるマンションを売り払ったり、安いマンションに移ったりしていたのだった。

そんな状況に陥った人に対して、正直「かっこ悪い」と思った。そんな姿をたくさん見ているから、僕は不動産を買うこともなかった。賃貸で十分だったのだ。

PART

4

不平・不満の日常から、一歩踏み出してみるコツ

最初の一歩を踏み出すコツ

どんな物事でも、最初の一歩を進めるのは難しい。

もしかしたらその一歩を踏み出すコツがわからないだけかもしれない、とよけいなおせっかいをもう少ししてみる。こう見えても僕はけっこうな世話焼きなのだ。

日記でも何でも、実際に行動に移すのは本人の意思以外の何物でもないけれど、**どうしていいかわからないのであれば、行程表を作ってみてはどうだろう。**

日記の場合は、その日にあったことを書き込んでいけばとりあえず成り立つが、そこに思慮がなければ、ただのメモになってしまう。

もちろん、**最初は出来事を書きとめるだけだとしても、日記を書き始めるという第一歩は踏み出せるわけだから、大進歩だ。**

でも、せっかくだからコツと言うか、どうせ何かを始めるならやりやすいほうが長続きする。書けない日記を前に悩むよりも、まずは誰でも思いつくことから始めて欲しい。

さっそく、行程表の製作を始めてみよう。

とりあえずカレンダーに、1週間先までにやるべきことを書き込んでいく。

これは特別なことじゃなくてもいいし、大きなイベントでもいい。できることなら、ちょっとした目標であることが望ましいけれど、最初は日常にあることでも十分だ。

たとえば、1冊本を買いに行く、友達に会う、書類を出すなんていうレベルのものでもいい。

カレンダーに書き込んだら、その予定を常に頭の片隅に置いておき実行する。実行できたら×印でもつけて消しておけばいい。

カレンダーに書き込むことで、新しい一歩が自然と踏み出せる

少し慣れてきたら、今度はカレンダーに書き込む期日を1週間から1ヵ月、3ヵ月と先に延ばしていく。

そうすると、短いスパンの予定と違って、なかなか細かい要件は書きづらくなる。そこで、**書き込む要件の内容を少し変えてみるのだ。**

今月が終わるまでに本を1冊読み終える、1ヵ月先までにレポートをまとめるなど、自分で進行具合を調整できる内容がいいだろう。

ここまでを慣れてしまえば、あとは自分に必要なものを探してカレンダーに記入して行けばいい。

英会話を身に付けるでもいいし、ダイエットするでもいい。つまり、そうやって自らを管理することが大切なのだ。

これにはひとつだけ注意点もある。

社会人の場合、ついつい仕事に毎日の大半を費やしてしまう。するると仕事は管理できてもプライベートや自分自身のことになると、ついつい後回しにしてしまうことが多いはず。

仕事はやるべきことであるから、なかなかサボりにくいが、それ以外のことはけっこう簡単に怠けられてしまう。

これが落とし穴でもあり、難しい部分でもある。**仕事は大切だけれど、ぜひ自分を高めるためにも、プライベートな部分でがんばってもらいたい。**

それでもカレンダーに書き込んだ予定が狂ってしまったら、そのときは消化できなかった分を翌週、または翌月に持ち越してしまうのもOK。

ただし、持ち越した分は、必ずどこかで負担になるから、それはがんばってスケジュールを元に戻す努力をしなければならない。

すべてに完璧であることは難しいけれど、完璧に近づけるための努力と柔軟性を身に付けるのは、仕事に向き合ったときにとても有効な能力になる。

8つの確認をするだけで、人生が変わっていく

学生時代から、読書をしては内容や思ったことを書き留めていたことはお話ししたとおりだが、今でも様々なことを文字として残すことを習慣化している。

その形は日記であったりメモであったりと様々だが、これが僕にとっては非常に重要なこと。

あとで見返しながら反省をする材料にもなるし、自分のいる場所の確認にもなる。だから、仕事でもプライベートでもなるべく文字として記録することにしている。

今は誰でもスマートフォンを持っているから、スケジュールやちょっとしたメモなどは、その場で記録できるが、そうではなく、ひとつひとつ内容を吟味しながら文字にして

いくという作業を行う時間に意味がある。

たとえば僕は社会人になってからも、**年末年始に欠かさずにやっていることがある。それは自己分析をした結果を、ひたすらパソコンに打ち込むことだ。**

こういう作業をしていると、自然に反省点だけでなく、将来のビジョンも具体的に見えてくるものだ。

だから僕は1年が終わると、次の3つを確認することから始める。

その**3つとは「現在自分がいるステージの確認」「昨年立てた目標に対して予定通りなのか」「予定がずれている、いないに関わらず、その原因を考える」**。

これを細かく分析し終えたら、次に新しい年に向けて次の項目に向き合う。

その内容は**「仕事」「家族」「趣味」「健康」「お金」に関する5つだ。**

この8つのことをパソコンに向かって考えると、それなりの時間はかかってしまうが、それは問題ない。もし短時間でこの作業が終わってしまうようなら、その中身はあまり濃いとはいえないかもしれない。

それこそ1日潰すくらいのペースで考えたほうが、より反省にも目標にも深みが出るはずだ。だから僕は毎年、何日かは、こうした反省と目標を分析するために使っている。

文字にすることで新たな発見がある

大切なのは目標を立てることでなく、目標の立て方を熟慮すること。

それにはいくら時間をかけてもかまわない。

起業するという目標を立てるのは簡単だが、その目標を立てるまでに、考えることは山ほどある。

何を準備して何を学んで、どんな行動をするべきか。

それをベースとして考えた先に、はじめて目標がうっすらと見えてくるのだから。そのためにも日ごろから日記をつけることは絶対に無駄にならない。

僕が社会人1年生で深夜まで残業を繰り返していたときも、日記だけは忘れずにつけていた。それも普通の日記ではなく業務に関する分析をするためだ。

今でも見返すことの多い当時の日記に「自分が関わっているプロジェクトはなぜ遅れているか？」というタイトルのものがある。

新人ながらも、**日々あったことを文字にしたうえで、徹底的に分析する。こうすることで翌日には、新しいアイデアが浮かんだり、人とのコミュニケーションが上手く取れたりしたことも多かった。**

もちろん社会人1年目の若僧が考えることだから、自己中心的で生意気な内容ではあるのだが、意外と的を射ている部分もあったりするから面白い。

とにかく忙しかったけれど、日記を書いた。分析したことが正解かどうかは二の次で、記録することと考えること。このふたつが自分に与えてくれた恩恵は驚くほど大きく、それに気がつくには少しタイムラグが必要なのだけれど。

嫌な気持ちや不安も、文字にするだけで消えていく

分析の話が出たついでと言っては何だが、僕は意外なものまで分析することがある。それは不安や苛立ちだ。

普通の人は嫌なことや不安なことがあったら、それを忘れるために気を紛らわそうとしたり、考えない時間をあえて作ったりするのかもしれない。ところが僕はその逆で、ネガティブなことでさえ分析してしまう。

嫌なことがあったら、まず、なぜそれが嫌なのかを考えて細分化していく。原因、過程、変化、結果など、分け方はいくつかある。

ある程度の項目が出たら、その項目を追っていく。すると、嫌な気持ちや不安になった原因や分岐点が見えてくる。

ここまでくれば、あとは改善できるところは改善し、改善できなければ次の機会のために反省して現状を受け入れる。

このネガティブな気持ちを分析できれば、得体の知れない不安に悩んだり、身動きが取れない状況で時間が過ぎるのをじっと待ったりするよりも遥かに楽になれる。

お金や将来の夢も文字にすることで、進むべき道が見えてくる

いくら自分でやりたくても分析の仕方がわからないというケースもあると思う。そこで僕なりのやり方をいくつか書いておく。

学生のころから家計簿を付けていた。これはお金の動きから、日々の生活パターンや、どんな節約ができるのかを見つけることが楽しかったから。

ある程度のデータが溜まったら自分の使った金額や項目を、週、月ごとにじっと観察する。

そして、そこからさらに1年前の同じ週、同じ月と見比べてみる。交通費、飲食代、遊興費、雑費などなど、何が違うのかを検証するのだ。

すると、今年はあんまり遊びに行っていないけど、これは重大なイベントがあって時間がなかったからだろう、とか、交通費が去年より高いのは移動にタクシーを使う機会が多かったからで、その理由は深夜に及ぶ打ち合わせが増えたからだとか、いろいろなことが連鎖的にわかるようになる。

これは自分の時間と行動パターンとお金の流れを把握するためにはもってこいだ。

では、お金や生活以外の分析はどうだろう。

僕は就職活動の前、目指す会社で学びたいことを全部書き出した。

それには最初に目指す会社を決める必要があるのだが、そのためには目星をつけた会社がどんな会社なのかを想像するのが第一歩だ。その上で、それから習いたいことを羅列していく。

ここで**重要なのは、目指す会社の中身を想像すること。企業独自の強みや弱点を考えて**

みる。そこから入社したらできそうなことを考えていく。当然、入社前の想像だから、自分の予想したこととは合わない部分も多くあるはずだ。

もし、その会社に入ったとしたら、今度は実際にはどうだったかを再び記録しておけば、これもあとから立派な分析材料になる。

経済的自由を手に入れるための第一歩

「よし日記をつけて、目標を立てよう」と思ってくれた人がいるなら、もうひとつアドバイスをしておきたい。

それは**1年ごとの反省、確認、目標とは別に3年後、5年後、10年後の中長期目標も立てるのが望ましい。**

これは長いスパンで物事を考えるようになれるし、目先の目標が上手くいかなかったとしても、どうやって調整するかを考えることができるようになるからだ。

たとえば、何かを期限までに終わらせておかねばならない状態にもかかわらず、突発的な事故で間に合わない。

それなら、今の時点では何をどのタイミングで、どんなペースで運べば、最終的に帳尻が合うのかを冷静に判断することができることと同じだ。

あまり近い場所の目標ばかりに捉われすぎると、考え方の柔軟性が失われてしまう。これは僕が起業家としての実践で身に付けたことのひとつ。

少しずつ積み重ねた反省や目標は、自分にとって財産になる。とくに自分の思い描いた未来を手に入れようとするなら、なおさらだ。

僕のノートパソコンには、２００２年から毎年の記録がすべて残っている。

ふとしたときにこれを見返すといろいろな発見もある。未熟だった考え方を思い出すこともあるし、思いのほか上手くいったときの流れを確認することもある。

経済的自由を手に入れるための手段はいくらでもあるが、その準備として文字で残すことは誰でもできる簡単なこと。

ただ、それをやるかやらないかの違いだけで、その後の人生に大きな差が生まれるとしたら……このあとは僕があらためて言うことでもないだろう。

僕はノートを武器にした

ビジネスの世界では、人よりも秀でた武器を持っていれば、物事をスムーズ、かつ優位に進めることができる。

たとえば、それが話術であったり、人脈であったり、経験であったりと、武器は人それぞれ。そして僕の武器はノートだった。

先ほども話したが、学生時代から今に至るまでの、僕は事あるごとにノートにメモを残した。

今でこそノートではなくパソコンに打ち込むことがほとんどだが、学生時代は本とノートは必ず手元にあったほどだ。

社会に出てから、いろいろな経験の中で武器を手にすることができるなら、それに越したことはない。

しかし、**理想を言えばできるだけ早い段階で自分の武器を持つ準備をしておいたほうがいい。**

僕の場合は、あらゆる疑問や問題を書き留めることが分析力という武器につながったと思っている。

僕はジャンルや内容を問わず、気になることがあれば片っ端から書きとめていた。

本の感想から始まり、希望、夢、スケジュール、疑問、不満、経験。どれも、読み返せば、それを書いた時代に、何を考えてどんな行動をしたのかははっきりと思い出せる。

書き留めることは、なんだっていい。

悲しかったら悲しかった、嬉しかったら嬉しかった。ただ、そんな心情がわかるひと言から始めて、あとで見返したときに、なぜそういった気持ちになったのかを逆算していけばいいのだから。

から何を分析するかだと思う。武器はノートと言ったけれど、その本質は何を書き留めるかではなく、書き留めたこと

違和感を忘れない

こうして、僕の中にあるいろいろなルールや考え方をあらためて振り返ってみると、たいがいはふたつのジャンルに分けられる。ひとつは、誰に教わるわけではなく、自然と身についていったもの、もうひとつは出会いや経験から学び取ったものだ。

僕がいろいろなものを分析するいっぽうで、必ずそこについて回るものがある。それが違和感。

気持ち悪いと言うか、腑に落ちない、理解できないことは違和感となり、そこが分析のスタートになる。

そんな違和感から始まった僕のルーティーンがあるので紹介しておこう。これは、いつ

か人の上に立ちたい、起業したいと思う人にとっては役にたつはずだから。

最初にひとつ言い切ってしまうと「それまで常識だったことは、環境が変わると非常識になる」。そして、どんな世界で生きていくのであれ、違和感を覚えたという事実を大切にして欲しい。

違和感を覚える事実、少し言い回しが難しいかもしれないが、僕が言いたいことはこんなことだ。

学生生活を終えて社会に出ると、毎日のように違和感を覚える出来事にぶち当たる。

なんでこんなことをするのか？

この作業にどんな意味があるのか？

それをいちいち悩んでいたら身が持たないのだが、僕はこの違和感というヤツをすべてメモに書き留めた。

社会に出て最初に大きな違和感を覚えたのは会議でのこと。学生時代は、周りにいる人はほぼ同世代で、年が離れた人と接する機会はそれほど多くない。

ところが会社へ入ると、当たり前だが上司は年上で、役職が上がれば、そこにいるのは自分の父親レベルの年配者だ。まぁそれはいい。

ただ、僕が最初に「？」を付けたのは、いい年をしたオジサン（失礼な言い方だけれど、ここでは便宜上そう呼ばせてもらう）が、雁首そろえて20名も30名も会議に参加している光景。

会議に年齢も人数も関係ないじゃないかと言われそうだが、僕が言いたいのは、会議の内容がたいしたことないにも関わらず、会議室にゾロゾロとオジサンたちが集まってくる意味がわからなかったこと。

失礼ついでに言ってしまうと、このオジサンたちはやる仕事がなくて、暇つぶしに会議をやっているんじゃないか？　とか、会議に出てさえいれば仕事をしているフリができると考えているんじゃないか？　と本気で思ったものだ。

まぁ、新人の僕が、どうして会議にそんなにたくさんの人が必要なのかを知るすべもなかったが、とにかく違和感以外の何物でもなかった。そして、それを書き留める。「たいした議題もない会議を、なぜあんなに大人数で行う必要があるのか？」と。

自分の常識を押しつけないためのトレーニング

この違和感に関してはそれで終わり、分析することはない。

いや分析してもいいのだろうが、たとえその理由が判明したとしても、会議の進め方や人数に関しては、自分ではどうすることもできないのだから、ここは敢えてスルーしたほうが精神衛生上よろしいのだ。

そうこうしているうちに、また次の会議がやってくる。同じようにオジサンたちがぞろぞろと会議室にやってきて、たいした話もなく解散する。これを数回、繰り返すと人間というのはだんだんそれに慣れていく。

さらに違和感は色んなところに落ちているから、それもメモしていくが、やはり会議と同じように繰り返されることで慣れてしまう。慣れてしまうと、それは当たり前になり、住んでいる環境の中では常識となる。

しばらくしてそのことについて考える、あの違和感はなんだったのだろうと。

ただ、ここでも**違和感の正体を解決する必要はない。あの出来事は違和感を覚えたという事実を自分が認識すればそれで終わり。**

こうすることで、自分の立場が変わったときに、違う環境から来た人に対しての気配りができる。とくに**仕事で人の上に立ったときに、自分の常識を無理やり相手に押し付けるようなことも少なくて済む。**そんなことを、僕は繰り返して今に至っている。

今僕は独立起業し、社員を抱えている。その環境の中で、自分の常識は誰にとっての常識ではないと、事あるごとに思い出すようにしている。

そのおかげで今では、社員の思いがけない行動に、「え？　なんでそんなことある？」というような場面に出くわしても驚かなくなったし、冷静に対応できるようになった。

これは、人と接するときにまず相手を受け入れる、という部分と深くつながっている。

こう書いてみると、偏見なく誰とでも付き合い相手の考えを否定しない、というスタンスは、いろいろな部分にリンクしていて、僕を支えてくれる大きな幹になっているのだと気がつくことができた。

不満や不安との付き合い方

今の僕にはあまり不満に感じることがない。

独立して会社を持ち、社員を雇っていることで、多少なりとも不安やストレスがありそうなものだと、知り合いに言われるのだが、本当に不満はないのだ。

そりゃ、細かい部分で見れば多少はあるのかも知れないが、たぶん一般的に思いつく不平不満は持っていない。

でも、今の僕がそうであるだけで、**これまで不満や不安がなかったかと言えばそうではない。逆に人よりも、そうしたマイナスの精神状態には敏感だったと思う。**

だから、学生時代も自分が納得できないことは無理してやらなかったし、社会に出たときも環境や体制がしっくりこないときは、すぐに転職を考えた。

不満を感じるセンサーがとても敏感だから、それを放置しておくと、そのストレスがあっという間に何十倍にもなって返ってくることもわかっていた。

だから、そういう状況に陥らないためにも、不満を深く掘り下げて考える術を身に付けていた。

なぜ不満について取り上げたのかと言えば、僕のまわりにも不満を訴える人が多くいて、相談されることも多いからだ。

ある知り合いは一流企業に就職したにもかかわらず、このままサラリーマンでいいのかと悩み、またある知り合いはビジネスパートナーと上手くいっていないと愚痴をこぼす。

中には文句を吐き出してスッキリする人もいるけれど、何回も同じ相談を繰り返す人の場合、問題はけっこう根深い。

どんなタイミングで、不満や不安になったかを考える

最初はうんうんと話の聞き手に回っているが、そのうち僕は不思議に思い始める。なんでこの人は不満を羅列しているだけなんだろう？　と。

そこで「僕ならこうする」というやり方が思い浮かぶ。まず不満と言うのは嫌なことがあるから生まれてくるのだから、その嫌なことを徹底的に細分化してみるのだ。

仕事に不満があるとしたら、どんなタイミングで嫌になるのか？

上司と話しているとき、仕事をこなしているとき、通勤途中、客と接しているとき。嫌になる気持ちは、どんなタイミングで頭をもたげてくるのかを理解することが始まりだ。

それがわからないまま、不満ばかり言っても、その不満は日常が始まれば慌しい時間の中に埋もれてしまう。

だから、嫌な気持ちが生まれたときのことを、詳細に分析して欲しい。

たとえばそれが上司と話している瞬間だとわかったら、その先には独立、起業が考えられるかもしれない。

不満がいつも通勤途中に湧き上がるとしたら転職も引っ越しも選択肢に上がるだろう。

つまり、不満の正体を知ることで、その解決策や自分が進むべき道が見えてくる。

「自分は不満だから」は最大のチャンス

つまり不満を言い続ける人は、その不満の正体をわかっていないだけだ。不満があるから自分のいる環境を変えたい、でも現実問題として変えるのが難しいなんて言っているようでは一生かかっても変化なんか起きはしない。

現状に満足していないなら、自分で変化させるしかなくて、そのためには不満を理解して解決方法を模索するのが一番手っ取り早い。

自分は不満だらけだ、そう思っているなら、それは絶好のチャンスだと思う。不満の数だけ考えることは増えるけれど、解決するべき問題があるのだから、それをクリアしていくことで進むべき選択肢がはっきりとわかるのだから。

不満はなにもマイナスだけを運んでくるわけではなく、プラスへ導いてくれる指針だと思う。

もっともやっかいなのは不満もないけど満足もしていないという、どっちつかずの状況だ。

解決すべき問題点もなく、漠然と今よりもいいモノを求めているなんていうのならば、それはきっと変化する必要がないか、向上心がないかのどちらかだろう。

それなら、変化することはすっぱりと諦めるしかない。

人との出会いには、ラッキーもアンラッキーもない

企業の一員としてやってきた人が独立となると、会社を辞めた瞬間からなんの後ろ盾もなくなってしまう。そこに不安を感じるからこそ、なかなか脱サラにたどり着けない人が多いのもわかる。

それは僕も同じことで実力優先とは言え、企業人から起業人へと変わったときにまったくの不安がなかったと言えば嘘になる。

それでも今こうして従業員を抱え、それなりに成功した立場から言えるのは、実務も重要だけれど、それにまつわるメンタルな部分を理解するかどうかがポイントだという事実。ここでは少し実務から離れてメンタルや考え方について、話をしたいと思う。

人生の中で、この人は！　と思うメンターとの出会いは非常に重要だ。

それは僕に限らず誰にでも同じことが言えると思う。

ただ、こうしたメンターとの出会いがないという人も多く知っている。

お前は出会いという意味ではラッキーだよ、と言われることもあるが、そんなことはない。

どんな環境だろうが、どんな仕事をしていようが、必ず人とのつながりは生まれるわけだし、そこにラッキーもアンラッキーもない。違いがあるとすれば、出会った人や関係がある人に対して、どんなふうに接するかだろう。

メンターと出会う確率を飛躍的にアップさせる方法

今まで見ず知らずだった人と接するときに、どうしても第一印象というものがついて回る。

気難しそうなのか、優しそうなのか、あるいは友達になりたいタイプなのか、そうでないのか。

しかし、そんな第一印象はあまり役に立たない。なぜなら自分勝手な推測でしかないからだ。

だから**第一印象がどうであれ、何の偏見もイメージも持たずにまず接してみる。これが僕のルールだ。**

こうすることで、メンターになりえる人と出会う確率は飛躍的にアップするのは間違いない。

一見しただけで、自分とは合わないかもと思い、ひと言ふた言話しただけで相手を拒否してしまう。これでは、生まれるものも生まれてこないだろう。

その証拠に、僕が先ほど話した変わった人との出会いは、決してにこやかに始まったわけではなく、むしろ普通ならあまり近寄りたくないと思う状況だったのだから。

もちろん、いくら自分から近づいても、相手が離れて行ってしまう場合は仕方ないが、そうならない限り、僕はまず相手に合わせることからスタートする。その人の意見が自分の考えとまったく逆だったとしても、だ。

相手に何を言われても、まずは受け入れる

自分の年齢である程度の自由を手に入れ、好き勝手やっていると、年上の成功者からは「稼いでいるのは認めるが、もっとしっかりとした仕事をやれ！」と言われることがある。とくに**苦労して成功した方からは「今はいいかも知らんが、お前の仕事は所詮虚業だ。実業家になれ！」なんて叱咤されることも少なくない。**

もし、この本を手に取っている皆さんが僕の立場だったらどう考えるだろうか？

どんな仕事であろうが違法なことをしているわけでもないし、そんなことを言われる筋合いはないと反発するかもしれない。

相場で稼ぐことのどこが虚業なんだ？　ただのやっかみだろう！　と取り合わないかもしれない。

どちらにせよ、相手の意見と自分の意見は違うという部分で、壁ができてしまうのは確かだ。

しかし僕の場合は、何を言われてもまず受け入れるようにしている。

虚業だと言われれば、「そんなことはない！」と反発するのではなく、「そうか、虚業かもしれない」と。

そして次になぜ相手がそう思うのかを、徹底的に考えるのだ。

インターネットの普及で、いまや相場も場所や時間を選ばなくなった。

どこにいても稼げるスタイルは、他の人から見れば楽をして稼いでいるように見えるのか？

それは会社に出勤しないからそう見えるのか？

いろいろなことを考える。

すると、最初はわからなかった相手の考えが、どこかのタイミングで理解できるようになる。

ああ、こういう部分だけを見て僕の仕事を虚業だと思うのか。それなら仕方がないと。

だから、自分が考えていることと逆のことを言われても腹が立つとか、その場で言い返すことはまったくない。

むしろ、そう言う見方もあるんだと、新しい視界が開けたことに喜びを感じるほどだ。

ただ、僕の仕事が虚業かどうかについては、僕なりの意見もある。

確かに会社へ通勤することもなく、デスクに張り付いて頭を抱えることもないのだけれど、今では自分の会社を興し、そこで社員も雇っている。さらにその社員には家族があって、そういう部分まで養えているのだから、立派な実業なのは間違いない。

もし、今後もお前は実業家じゃないと言われても、それに対して怒ることも反論することもないけれど、心の中では「いやいや立派な実業ですよ」と胸を張っているだけだ。

嘘をつかない、できない約束はしない、知ったかぶりはしない

逆に、自分からちょっとお付き合いは避けたいなと思うタイプの人だっている。

それは出会った瞬間のファーストインプレッションがどうこうではなく、まずは接してみて、話を聞いてみる。

しかし、そこまで自分から歩み寄ってみた結果、**マイナスのことしか言わないタイプの人とだけはお付き合いできない。**

食べものにたとえるなら、とりあえず何でも食べてはみるけれど、口にしたとたんアレルギーを起こしてしまう食べ物だけは無理だということ。

できれば、上昇志向を持ち、一緒に楽しく語れる人とできる限り多く出会いたい。

だから、僕は人との出会いは何よりも大切にするし慎重にもなる。

そして出会った人たちとより長く深い付き合いをするためには必要不可欠なことが何かも知っている。

それは相手に対して**絶対に嘘をつかないこと、そしてできない約束はしないということだ。よく聞く言葉かもしれないが、なかなかこれを実践できる人は少ないと思う。**

仕事でもプライベートでも、その場の雰囲気に流されて口約束をしてしまう。もちろん本人には悪気はないのだけれど、結果的には約束を守れなかったなんてことを繰り返していると、あっという間に大切な人は去っていってしまう。

だから僕は相手に対しては誠心誠意接することを心がける。

それともうひとつ加えるなら、会話の中で知ったかぶりをしないことも大切だと思っている。

自分が知らないことを隠し、知ったようなことを言えば年配の方はすぐに見破ってしまう。

そうなると、こいつは口だけだなと判断されるし、そこに誠意はなくなってしまう。**年齢に関係なく、知らないことは知らないでいい。わからなければ聞けばいい。聞かれたことに対して返事を濁さずちゃんと答える。**

たったこれだけで、相手からのイメージもぐっと変わるし、なによりも誠意とはこういうことだと思うのだが。とくにビジネスの世界では、ちょっとしたことでも、のちに大きな話へとつながっていくことはよくある話。

僕のルールはそれほど難しいことを詰め込んでいるわけではない。

自分を無理に大きく見せようとか、ハッタリでなんとか切り抜けようとかいう類のものではなく、自分のできることをそのまま伝える。

たったこれだけのことだ。

そのためには自分のポジションをちゃんと把握していることが絶対条件であるのは言うまでないだろう。

立場でも、社会経験でもなく、圧倒的な実力が説得力になる

たとえば部下に何かを指示するとか、やって欲しいことをお願いする。または業務で必要なことを教育する。

これを実際にやろうとしたときに必要なことがひとつだけある。それは「圧倒的な実力」。

どんなに立場が上であっても、社会経験が長くても、そこの誰もが納得する実力がないと部下も同僚も動いてはくれない。これは僕が肌で感じ取ったこと。

今の仕事であれば、部下の誰よりも自分が稼いでいるという実績があってこそ、相手を動かすことができる。

少し強引な意見だと思うかもしれないが、これはいたってまともな考え方だと思う。

もし、あなたがセールスマンだったら、成績が芳しくない上司に、あれやこれやと命令されても、喜んで従う気にはならないだろう。

とくにセールスとは何か、どうやったら物が売れるのかなんてことを語られたとしたら、きっと話を聞くことすら拒否したくなるはずだ。

なぜなら、そこには何の説得力もないし、吸収できるノウハウもないから。

だから僕は今の部下たちに、遠慮せずに何でも言うしアドバイスもする。もちろん目に見える実力も示しているから、部下たちはちゃんと指示にも従ってくれる。

ここまで来ればあとは、その指示やアドバイスを受け取った人がどう動くかが問題になる。

アドバイスをする立場なら圧倒的な実力を示せ、受ける立場ならアドバイスの意味を理解して行動を起こせ、と言ったところか。

最初の第一歩は自力で踏み出すしかない

アドバイスを受ける側の行動という話になったついでに、あと少しだけ思っていることを書きたいと思う。きっと、ビジネスにおいてアドバイスの受け方という意味では勉強になる。

僕が部下などに物事を伝えるときは、建前ではなく本音で話すことを心がけている。

立場上、言いたくないけれど言わなければならないとか、出来る上司のフリをして、どこからか借りてきたようなセリフを使うこともない。

それは、僕が真剣にアドバイスをしたいからであり、そこに建前なんて入り込む余地はない。

ところが、アドバイスに対して行動を起こさない人が、けっこうたくさんいることに驚くのだ。

先ほど行動を起こすための簡単なヒントを書いた。難しいことじゃなくていいから、まずは計画を立ててみたらどうかと。

そんなことを書くのも、なかなか行動を起こさない人がいるからであり、もし誰もがさっさと動く人ばかりなら「まずは一歩を」なんてことを書く意味がない。

そう考えると、アドバイスをどう受け取って消化するかは大切なことなのだとつくづく思う。

ディーラー歴の浅い部下に対して、僕の考えを話しアドバイスをする。ここまでは僕主体の行動だから、誰に対しても同じだ。

ところが、ここから先は話を聞く側の行動に頼るしかない。

話をした後に、次は何をやってどう考えるかを手取り足取り教えるほどヒマじゃないし、そんなことさえ自分でできないなら、相場の世界で生きていくのは到底無理なことは言うまでもない。

だから最初の一歩は自力で踏み出すしかない。

僕がアドバイスをしたときに、もっともよく聞く返事に「とても参考になりました」と「ためになる話でした」というのがある。

実はこの返事を聞くたびに（またか……）**と残念に思ってしまうのだ。**

なぜなら、その返事をした人のほとんどが、返事だけで何も行動を起こさないから。

逆に「今日からやってみます」とか「なにから始めればいいですか」という返事なら、あとは何も言わなくても勝手に歩き始めてくれることが多い。あくまでも僕はやるべきことのヒントを少し与えるだけだ。

だから最初の一歩はノートを買いに行くだけでもいいし、文字を少し書くだけでもいい。それが行動を起こすということなのだから。

アドバイスをもらったら、そこで立ち止まってみる

それでも、やっぱり僕には理解できない思考回路の持ち主がいることも確かだ。

僕より年上の社員に対して「こうしたほうがいいですよ」とアドバイスしても、いっこうに何かをやり始める兆しが見えない。

もちろん、会社員だから上司である僕が命令したことはしっかりとこなすのだろうが、それはあくまでもやるべき命令でありアドバイスではない。

命令には従うけれど、アドバイスには耳を貸さないということが、どれだけ自分にとってマイナスかがわかっていないのだろう。

この年上の社員には何回もトレードの記録を残したほうがいいとアドバイスをした。

しばらくたってふたを開けてみると、分析どころか記録さえとっていないのだ。

しかたなく僕は記録をとらなかった理由を聞いてみるが、会話はそこで終了。言い訳や反論があるわけではなく相手は黙ってしまうから。一番困るのがこんな状況ですみませんと謝られてしまうことだ。

アドバイスしたのは自分のためではない。

それなのに、アドバイスを聞き入れなかったことに対しての「すみません」に、いったい何の意味があるのかわからない。

ちなみにこの人の仕事に対するモチベーションが高いことは知っている。

だから余計に、こうしたやり取りが起こることが不思議だった。

不思議だったから、これまでそうしてきたように僕は冷静に分析した。アドバイスをもらうことは大きなメリットなのに、なぜ行動に移さないのだろう？　と。

いろいろと考えてみたけれど結局は、アドバイスを行動に移すことのメリットに本人が気がつかないだけだった。

正確に言えば気がつかないのではなく、気づけないのだ。

切り捨てるようであまり気持ちいいものではないが、それは情報収集能力と分析力に欠けるということに他ならない。僕からしてみれば本当に残念だ。

何回も同じことを言ってしまうが、どんなことでもまず分析することを覚えて欲しい。**答えなんかすぐに出なくてもいい。答えにたどり着く過程で悩み考えながら分析することが重要なのだから。**

そして分析するためには、分析材料が必要だ。ここまで読んでいただいているなら、この先はあえて書くこともないだろう。

もし、アドバイスをもらったら、そこで受け流すのではなくいったん立ち止まってみてはどうだろうか。きっとヒントになることが隠れているはずだから。

お金と時間に縛られない生き方

ここまで、僕はいろいろなことを記録して分析してきた。勉強のことも仕事のことも将来のことも。

ときには自分の気持ちまで分析してなんとかよい方向に転がらないかと試行錯誤したこともあった。

そんな僕はふと立ち止まって、今の自分がどんな状況にいるのかを考えてみた。自己分析だ。

学生の頃から、将来のことをなんとなく考えて、一番自分の力が発揮できる場所や仕事を求めてきた。

そして、経済的な自由を手に入れることができたから、おおよそ昔描いていたビジョンは達成できたかなとも思う。

でも、それはひとつの目標に対しての達成であって、ここで終わりではない。

サラリーマン時代を経て独立したのは、僕の中での通過点だった。

それから、相場の中でもまれて、ようやく人を雇うところまで辿りついた。


そこで、僕は次の行動の準備を始めている。まだ知らない分野への挑戦だ。お寿司屋さんやラーメン店など、食にかかわる事業を始めたところでワクワクしている。

そして、こうした新しいチャレンジができるのも自由を手に入れたからこそだと、今まで知り合えたメンターの方々、稼ぎ方を教えてくれた先輩たち、僕を育ててくれた両親には、多大なる感謝をしている。

だからこそ、僕が実践してきた生き方をもっと多くの人に知ってもらいたいと思う。

どんな仕事について、どんな人生を送るかは人それぞれだから、僕があれこれ言える立場ではない。でも、どんな仕事、環境にいても人は成功者になりたいと願うはずだ。


では何をもって成功者と言えるのか?

それは、お金に縛られないで生活することだと僕は思う。

そんなのは非現実的だと言われそうだが、それほど難しいことではない。億万長者にならなくてもいいし、大会社を経営しなくてもいい。

日々の生活費を稼ぐために嫌な仕事をする。こんな状況から抜け出せれば、それは立派な成功者だ。

そのためには僕のように相場で稼ぐ方法もあるだろうし、起業する選択肢もあるだろう。どんな職種だろうが、仕事が楽しければ、その仕事に就けた時点で成功者だ。

嫌な仕事をしないで、好きな仕事で稼ぐという生き方

ただ、残念なことに仕事に対して不満を持っている人はたくさんいる。

そして、**みんなが口を揃えて言う。**

「今の仕事をやめたい」「転職したい」「出社したくない」「残業が嫌だ」と。

どこもこれも、自分のいる位置への不満を語る言葉でしかない。

でも、ほとんどの人はその現状から抜け出ることができない。

それは嫌な仕事でも、続ける限り毎月給料がもらえるという保障をなくすことが怖いからだ。

でも本当にそうだろうか？

今の日本において、引退するまで給料をもらえる保証が100％あるとは思えない。

だからこそ、嫌な仕事を続けるくらいなら、思い切ってラットレースから抜け出そうとする気持ちを、少しでも後押ししたいという想いで本書を書いている。

今の自分がどれだけ自由なのかを自慢したいわけではない。

感じて欲しいのは、僕がなぜ自由を手に入れることができたのか、またどんなロジックで今にたどり着いたのかだ。

少しでも多くの人が嫌な仕事から離れて、好きな仕事で稼ぐことができたらいいと思

う。

そのために、この本が少しでもきっかけになってくれるのなら、これ以上嬉しいこともない。

もし、あなたが嫌な仕事を我慢して続けている立場であり、何かを変えたいとこの本を手に取ってくれたとしたら僕が言えることはたったひとつ、

「不満を変えてくれるのは、ちょっとした行動を起こすことから始まる」

ということだけ。

進む道はどんな分野だっていい。行動を起こしさえすれば、稼ぐ方法なんていくらでもある。なにせ、それを現実にしたのが僕なのだから。

おわりに

これまで自分が過ごしてきた時間をあらためて振り返ってみると、大切な分岐点では必ずと言っていいほど出会いや学びがあった。

この人と出会わなければ違った人生を歩いていたかもしれない、あのことに気がつかなければ今もなお試行錯誤の真っ只中にいたかもしれない。

そんなことを思うと、自分ひとりの力だけで現在があるわけではないことを痛感する。

たぶん、これは多くの人が聞きなれたフレーズであるのだろうが、僕は本当にそう思っている。

そして、この本を手にとっていただいたすべての方に、このことが伝わってくれたら素晴らしいことだと思っている。

どんな世界でどんな事をしたとしても、そこには必ず力になってくれる人や助けてくれる仲間がいる。

それと同時に、強力な武器になるロジックや考え方も無限にある。

ただし、こうしたものは自分ひとりの世界からは生まれにくいし、手に入れることも難しい。

だから僕は何事にも一切の壁を作らずに、ただひたすら受け入れて吸収することを貫いてきた。

これは本書の中でも散々書いたからおわかりいただけたと思う。

それでも最後にあらためて書いたのは、このことが僕の核であり、今回一番伝えたかったことだから。

もし、この本を読んで少しでも感じることがあったとしたら、きっとそれもひとつの新しい発見だと思う。

そして、新しい世界に一歩踏み出そうとしている人や、今よりもさらなるレベルアップを目指して勉強中の人たちにとって、あらたな発見が大きな武器になって欲しいと願っている。

そして、僕に武器を与えてくれたのは、これまでに多くを学ばせてくれたメンターの方々に他ならない。

インパクトのある人、クセのある人、絶対に敵わないと思った人。本当に色々な方が今の自分を作り上げてくれたのだと思っている。

だからこそ、僕が様々なメンターの方々から多くを学んだように、これから何かを変えていこうと動き始めた人を心の底から応援したい。

最後になりましたが、こうして本を書き上げることができたのも、多くの魅力溢れる方々との出会いとお力添えがあってのことです。

名和長恒さん、新田進さん、寺田章さんには人生の先輩として、たくさんのことを教わりました。
本当にありがとうございました。

2017年6月

榎本洋介

今日《きょう》も残業《ざんぎょう》する君《きみ》とたった10分《ぶん》だけ働《はたら》く僕《ぼく》

2017年8月2日　初版第1刷

著　者――――――榎本洋介《えのもとようすけ》
発行者――――――坂本桂一
発行所――――――現代書林
〒162-0053　東京都新宿区原町3-61　桂ビル
TEL／代表　03(3205)8384
振替00140-7-42905
http://www.gendaishorin.co.jp/

カバー・本文デザイン―小口翔平・山之口正和(tobufune)
カバーイラスト―――サヌキナオヤ

印刷・製本　㈱シナノパブリッシングプレス
乱丁・落丁本はお取り替えいたします。
定価はカバーに
表示してあります。

ISBN978-4-7745-1649-3　C0030